当IP遇见直播

直播+IP
双风口创新玩法

胡晓军◎著

民主与建设出版社

图书在版编目（CIP）数据

当IP遇见直播：直播+IP，双风口创新玩法 / 胡晓军著. — 北京：民主与建设出版社, 2017.5
ISBN 978-7-5139-1498-7

Ⅰ. ①当… Ⅱ. ①胡… Ⅲ. ①网络营销 Ⅳ. ①F713.365.2

中国版本图书馆CIP数据核字（2017）第082118号

当IP遇见直播：直播+IP，双风口创新玩法
DANG IP YUJIAN ZHIBO

出 版 人　许久文
著　　者　胡晓军
责任编辑　王　倩
封面设计　陈国风
出版发行　民主与建设出版社有限责任公司
电　　话　（010）59419778　59417747
社　　址　北京市朝阳区阜通东大街融科望京中心B座601室
邮　　编　100102
印　　刷　三河市九洲财鑫印刷有限公司
版　　次　2017年6月第1版　2017年6月第1次印刷
开　　本　710mm × 1000mm　1/16
印　　张　15
字　　数　200千字
书　　号　ISBN 978-7-5139-1498-7
定　　价　39.80元

注：如有印、装质量问题，请与出版社联系。

前言

2016年可以说是经济发展非常关键和紧凑的一年，经济格局发生了巨大的变化，同时也促进了我国经济的长足发展。

一方面，IP盛行，从商业和资本的角度来讲，IP已经有了无限的外延，被引申为“可供多维度开发的文化产业产品”，带来了一种全新的商业逻辑，逐渐走入影视、动漫、游戏、音乐、文学以及一般消费品等娱乐产品当中，使得IP价值日进斗金。在这个IP为王的时代，商业拥抱IP的时代已然来临。

另一方面，直播市场风生水起，成为移动互联网时代的现象级风口。直播行业拥有广阔的市场前景，平台也层出不穷，使得市场经济变得更加立体化、全球化。据不完全统计，目前国内互联网直播平台服务企业猛增，斗鱼直播和映客直播已经跻身到独角兽行列。有关机构预测，2020年，网络直播及周边行业将成为撬动千亿级资金的风口。

的确，直播行业的风口在几年前就开始酝酿了。网络直播行业刚兴起之时，直播平台数量屈指可数。如今，尤其是2016年以来，不知不觉已经呈飙升趋势。然而，伴随着网络直播的繁荣，网络直播经历了最早的在优酷、土豆等视频网站个人上传小视频直播的1.0时代，再到类似六间房等网页端的“秀场直播”2.0时代，再到如今的“随走、随看、随播”的3.0移动直播时代。在一步步发展的历程中，无论是直播技术还是主播抑或用户，市场的集中度都得到了进一步的提升。与此同时，直播内容也逐渐从颜值直播走向内容直播，即“直播+IP”，这使得整个直播行业形成了一个相对明朗的格局。

这种“直播+IP”的格局并不仅仅是简单的直播与IP的结合，更重要的是通过直播获得IP的价值变现，除了打赏收入以外，电商、广告代言等都是较为快速的变现方式。如今，像Miss、Papi酱等一线网络主播的身价均已过亿，在这个全民直播的时代，“直播+IP”已经被赋予了更多的变现形式。

1.一种娱乐的创新形式

传统直播作为一种娱乐形式，往往缺乏有价值的内容，并不能给围观用户带来有价值的真知灼见。然而，“直播+IP”却让直播形式更加有趣的同时，让直播内容更加有料。更能寓知识于娱乐、于趣味，将娱乐玩出新境界。

2.获得虚拟打赏的有效途径

传统直播中，网红获得打赏的目的是为了获得成名感、赚取经济效益。然而，以往的颜值直播已经在时间的冲刷下，给用户带来了审美疲劳，用户更为需要的是能够通过更有趣味性、价值性的内容来获得需求上的满足，包括知识层面的提升、情感诉求上的满足、精神层次上的升华。“直播+IP”则使得直播更具观看价值，这样积极主动的打赏行为自然会不断产生，使得直播变现更加容易。

3.电商试水的创新营销模式

电商的本质其实就是一种注意力经济。较实体店而言，除了价格透明、体验简单、送货上门等优势以外，电商所表现出的最大特点就是强调注意力经济。“电商+直播+IP”模式下，通过直播平台这一全新运营渠道，凭借打造的优质IP去吸引更多人的注意力，已经成为一种产品宣传和推广的创新营销模式。不但淘宝、京东、唯品会、聚美优品等电商平台试水该营销模式，就连一些品牌商，如小米、惠氏奶粉等也纷纷布局“直播+IP”领域，以期在厮杀异常惨烈的电商市场中分得一杯羹。

总而言之，“网络直播+IP”推动了一批新兴势力的崛起，也创造了一类新的名人，更为电商经济的转型和发展创造了良好契机。谁能够抓住“直播+IP”这一创新模式，谁就能够在“直播和IP”的双风口期获得更强的市场竞争力，分得更大的蛋糕。

本书则从直播领域出发，阐述新时代下，“直播+IP”双风口的创新玩法，可以作为“直播+IP”模式的第一本运营指南。全书立足于互联网、移动互联网的时代背景，围绕新形势的发展需求，突出直播IP的流程打造以及电商在“直播+IP”模式下的新商机，通过对成功“电商+直播+IP”的经典案例分析，让更多的人了解、掌握并能够学会运用“直播+IP”进行创业的各种实用技能。因此，本书对于那些励志创业的有志之士有非常重要的帮助，可以助其迅速打开“直播+IP”创业的大门，并快速获得成功，同时也适合该领域的相关从业人员阅读。

目录

第六章 “直播+IP”的商业定位

第七章 “直播+IP”互动设计

第八章 “直播+IP”的五个运营维度

第三部分 “直播+IP+电商”下的新商机

第九章 不会玩“直播+IP”的电商不是好电商

第十章 成功“直播+IP+电商”经典案例赏析

第一部分

IP经济进入直播新时代

01 第一章 IP经济时代 已经来临

移动互联网的风口还未过去，IP经济时代就已经来临。当前，随着国内IP影视、IP游戏的不断出现，人们对于IP的认识逐渐成熟，IP已经成为一种新兴的经济模式，正在被越来越多的人所青睐。俨然，IP已经成为一个当前人们生活涉及的各个领域中非常重要的经济载体。

文化拥抱商业的IP时代已经来临

近年来，“文化创意产业”成为各领域的热门话题。有人认为文化创意产业主要是创造出一些能够吸引人眼球的文化产品，如电视节目、影像制作，因此也将文化创意产业视为一种“眼球经济”。

进入2015年和2016年，赚足了观众眼球的、喜获票房收入的各大影片和影视作品层出不穷。

2015年，年度电视剧榜单中，上榜的《盗墓笔记》《芈月传》《花千骨》；2016年除了《如懿传》《小离别》《琅琊榜》《锦绣未央》《青云志》等电视剧，6月份的电影《美人鱼》《天启》《愤怒的小鸟》，7月份的《西游记之大圣归来》……这些都是根据网络小说改编而来，成为最受观众喜爱的影视类作品。

然而，各大作品所取得的成功，都归功于IP。这些作品使得文化与商业相结合，使得IP成为了“众人敬仰”的香饽饽。也正是这样，推动了文化拥抱商业的超级IP时代的来临。事实上，好的IP并不单纯地能够实现钱生钱，更重要的是知识产权得到了极大的保护，并在很大程度上实现了价值提升。具体体现在：

1.商业模式差异化特点凸显

当今是产品同质化时代，只有那些具有差异化，甚至是差异化特点更加凸显的产品才更能吸引人，更能让人熟记于心，这样的产品便是最能赢得市场的创新产品。

以美国票房叫座的《魔兽》为例。《魔兽》一上映，仅在我国的票房就达到了2.21亿美元，这样的好成绩给《魔兽》增加了不少盈利。也正是凭借游戏玩家从小众群体向大众群体的变化，并且在蓝港互动、触控科技、熊猫TV、联想集团、英雄互娱等多家公司大力组织下的“包场活动”，多玩网、东方影都、360等广告厂商大方“增票”，万达、中影、腾讯影业、华谊兄弟的鼎力配合下，使得《魔兽》获得了全球范围内难以复制的火爆与盛行。

优质IP实现价值提升表现的两个方面

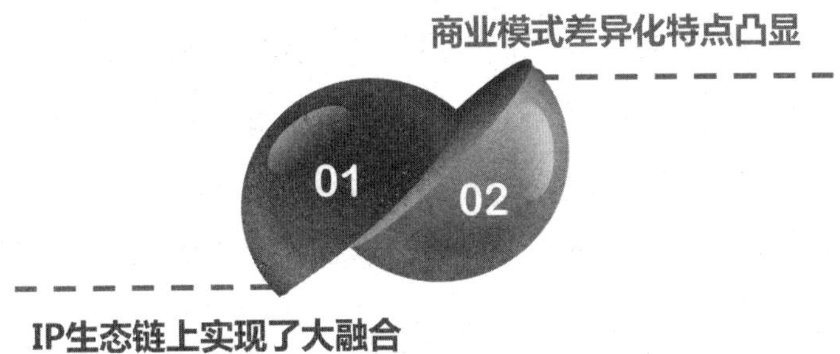

《魔兽》在情怀牌的打法下获得的火爆，让不少人认为，其可能渗透类似电影市场。实际上，《魔兽》的商业模式所显现出来的差异化特点中，我们不难发现，《魔兽》的视频内容本身拥有影视版权，能够在如此多跨领域企业的帮助下使得《魔兽》的IP实现综合运营，这不但打破了传统单一的以电影为IP载体的渠道，而且使得商业运营模式实现了差异化，更重要的是能够在此基础上稳定提升IP的盈利能力。因此，这种商业模式的差异化必将是未来内容公司发展的一种潮流和趋势。

2.IP生态链上实现了大融合

拿迪士尼乐园来讲，如果说“白雪公主和七个小矮人”“唐老鸭和米老鼠”等这些让我们耳熟能详的卡通人物是支撑整个迪士尼能够持续运转的核心，那么能够真正吸引游客并获取巨额收入的来源，便是其在整个文化产业链上不断从核心IP中所掘的金。

从本质上看，无论是电影、电视还是娱乐产业，都有一整套打造IP的模式，那便是“定位—创意—推广—管理”。方向比努力更重要，因此定位是关键。之后便是充分发散思维，实现创意IP。一个好的作品或产品，创造出的角色能够使生态链上包括电视、娱乐、游轮、服饰、出版物、音乐、玩具、日用品、食品、教育、电子产品等一系列消费市场实现融合并串联，那么这便是角色中所蕴含的极具核心竞争力的文化创新IP。迪士尼乐园中融入文化创新IP的卡通人物便做到了这一点，使得IP的变现方式和渠道更加宽阔。

IP变现的过程其实就是一个产业链贯通的过程，当一个IP在一个领域崛起的时候，要将其实现变现，首先就得让其在其他领域衍生出相关产品，再进行第二次、第三次等接二连三的创作，这样就会从一个IP发展成一个IP体系，使得一个品牌发展为一个品牌集群，所呈现出的影响力也是非常巨大的。

可以说，这种典型的文化创作和商业的相互结合，是当前和未来一段时间内最为理想的行业融合，这也是一种不可忽视的IP火爆机遇。

影视IP从模仿走向创新

2016年，影视领域更多的是将资本倾向于网剧的投资，因此，也使得更多的优秀制作资源和演艺资源逐渐向网剧领域倾斜，从而使得网剧的制作质量和运营水准都有了很大的提升。再加上“一剧两星”的政策，从不同的播放渠道满足了更多观众的聚集需求，以及电视台对于年轻化定位的转型，也使得优质的网剧在制播上增加了更多的选择空间。

2015年，《捉妖记》《港囧》《煎饼侠》《夏洛特烦恼》等国产电影票房均突破10亿元大关，年度票房总量达到了440亿元。据行业数据显示：“2015年，电影娱乐共计发生了125起并购投资案，总金额达到了927亿元，是国内资本市场投资并购最为活跃的领域之一。”因此，影视行业被看做是一项最简单、最靠谱的投资。2016年，更多的人将目光转向了影视行业。

2016年年初，一部《美人鱼》创下了33.9亿元的票房奇迹，登顶了中国电影5年来的单片票房记录。第一季度，我国的票房以144.66亿元的好成绩再创新高。截至2016年11月，2016年年度国内影院总票房为4.139亿，观影总人数达到了12.5亿，总场次达到了6768.3万次。据不完全统计，2016年IP改编的电视剧至少涉及190部，其中包括一些耳熟能详的小说、游戏、漫画等。

马化腾说过这样一句话："如今已经不存在一个单一的出版行业，也不存在单一的影视或游戏行业，这些行业都是打通的，其核心就是IP。"诚然，我国的影视行业能够获得如此高的成绩，不得不说IP为电影行业的蓬勃发展做出了巨大贡献。可以说，影视领域已然成为了IP最大的出口。

从2015年开始，尤其是进入2016年，网络小说转化为影视剧的情况如雨后春笋般出现。各大影视公司纷纷引进优质IP，以期能够在影视行业分得一杯分量更大的羹。而如何能够让粉丝们喜欢追剧、乐意为IP影视买单的心态持久长存却成为影视领域关注的焦点话题。就当前发展来看，我国的IP影视现状已经在原有基础上发生了很大的变化，主要体现在以下几个方面：

1.从"IP"到"挨批"，从不思进取到创新取胜

随着网络小说改编的电影、电视剧数量不断爆发，爆款出现越来越多，IP剧也越来越多，但是真正能够让观众认为是优质影视作品，继而让观众为之持续买单，则成为当前的一个不容忽视的难点。

在前两年，可谓是"得IP者得天下"，一个游戏、一部小说，甚至是一首歌都可以用IP来包装和炒作。但是，如今观众都开始变得越来越理智，因此之前的IP影视作品也逐渐被人们评论为"挨批影视作品"，可见年轻人已经不再愿意轻易入"坑"。

事实上，IP只是一个框架，如何能够在这个框架下让影视作品变得让人感觉舒服，感觉有观看的冲动和物有所值的赞叹，这是关键，是需要对其进行深入考量和甄别的，并不是一味的"拿来主义"，不思进取拿来就用。当人们意识到这一点之后，就开始从以往肤浅的大量囤积IP、见IP就改编中走出来，而是在充分尊重艺术形式差距的基础上逐渐开发影视作品的再生性能，以此来打开IP开发的新天地。但是像《西游记》这样的经典作品，无论多少年之后，还依旧是经典，因为它已经不只是一个叙述性的故事，而是将社会主流文化和价值观融为了一体。因此，即便是多年之

后，观众依然愿意为其买账。

我国IP影视的变化

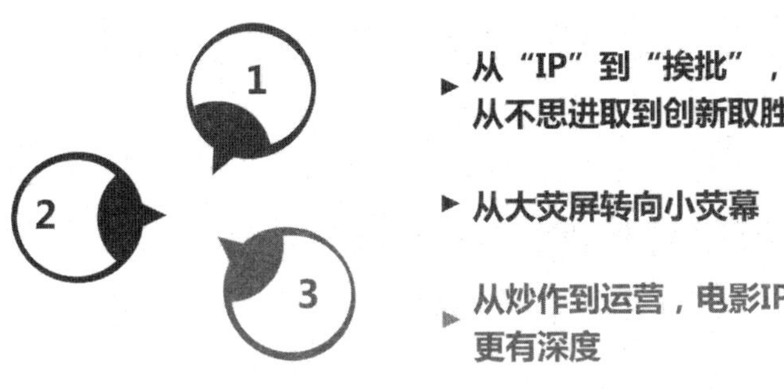

2.从大荧屏转向小荧幕

以爱奇艺联合寰亚集团共同出品的超级网剧《无间道》为例。该剧为影视IP的开发提供了一种全新的可能。这部港片是由历史上经典不朽的《无间道》作品改编而成，沿用了香港顶级幕后制作团队，画风上是典型的香港电影式场景。但是，该网络剧却打破了IP开发从小荧幕到大荧屏的传统路径，而是另辟蹊径，走上了一条从高价位电影IP改编成低价位的电视剧道路。

这部网剧是建立在依赖原著粉丝的追捧和高颜值明星自带粉丝效应的光环属性的基础上，因此不用担心群众基础和用户引流的问题，而其成功的关键就是在于能否在逻辑、表现手法上呈现出电视剧通过人物塑造来推动电视情节的特点。这样，在台词、场景、人物设置上，都能够做到遥相呼应，并在人物架构上能够充分体现出“无间道”的精神传统。

事实上，不仅是《无间道》，如《分手大师》《刺客聂隐娘》等也都计划将电影作品改编为电视剧，从大荧屏IP走向小荧幕也许在未来将成为一种没有争议的潮流和趋势。

3.从炒作到运营，电影IP更有深度

成功的IP电影，必然可以从肤浅的炒作走向更有深度的运营。很多IP

电影跨越媒介边界，从而最大限度地挖掘IP的商业价值，如除了推出同名游戏、VR游戏和正版衍生品之外，还推出将高科技和经典结合为用户打造多视角、多线索的个性化场景，让客户在观看的时候能够感受到VR带来的特殊感受。这被称为超级网剧的影游互动VR游戏，游戏剧情强关联，让用户全方位体验到IP电影的魅力。

总之，目前，影视IP已经由原来的一味模仿剧情逐步向更深层次的创新挺进，为影视领域的发展带来了更加美好的发展前景。

游戏IP在ACG模式下进行跨界整合

当前，我们一提到“游戏”两个字，首先映入脑海的就是电子游戏。其实，电子游戏只是游戏中的一部分。如果将电子游戏放在比肩人类文明史的游戏史中，电子游戏的出现是当前科学技术发达的必然产物；如果将电子游戏放入社会生活各个方面的游戏应用当中，电子游戏仅仅是大范围中的一个分支，游戏的领域是十分宽广的，还包括线上电子游戏、荧幕的综艺游戏、线下的实境游戏（如教学活动、体育竞技、聚会活动等）。

进入2013年，电子游戏，尤其是移动游戏野蛮生长，并且充满生机，大大小小的游戏比比皆是，并不断创造着奇迹。进入2013年年末，大量资本的注入更是将游戏产业推到了互联网的风口浪尖。2014年开始，整个游戏行业开始诞生了一种新趋势，即争夺IP版权，也由此提高了游戏研发的门槛。到了2015年，IP更是成为了游戏畅销必备元素，畅销榜中名列前茅的游戏中有将近一半都是融入了IP，因此，“无IP不畅销”逐渐在游戏行业形成一种定式思维。2016年，IP依然是游戏行业中的重要元素，不仅重塑游戏行业的商业规则，更是真正把游戏带进“泛娱乐”的大范畴当中。

前瞻产业研究院在2016年年初做的一份《2016—2021年中国手游行业成功模式与领先战略规划分析报告》中的最新数据显示：“2015年中国移动用户规模达到了3.54亿，并在新增用户中，无PC游戏经验的用户占比82%。其中，IP手游在2015年的表现十分突出，分别在2014年和2015年的IOS销售榜前十名中占据3款和8款，在2015年的IOS销售榜中的前100名中，IP游戏更是占据了49款，将接近半数。并且62%的玩家期待更多由IP改编的游戏出现，还表示电视剧改编的IP游戏更受女性玩家和40岁以上的玩家欢迎，喜剧和古装类的电视剧游戏均受男女喜爱。”

这些数据充分说明，IP手游是打开移动游戏的钥匙，移动游戏行业也是能够发挥IP价值的最佳领域。当前，游戏IP在ACG模式下进行跨界整合，正逐渐成为一种游戏IP价值最大化的趋势。

这里的“ACG”实际上是指动画（Animation）、漫画（Comic）、游戏（Game），这三者共同交错成一个庞大的产业链，虽然它们并不是同时产生的，并且以独立形式出现的时候也并没有表现出具有划时代的意义，但是如果将三者之间进行连通，就会产生虚拟角色和虚拟环境的巅峰性创造力和影响。当前，游戏IP能够更好地体现其价值，最有效的模式就是ACG的结合。

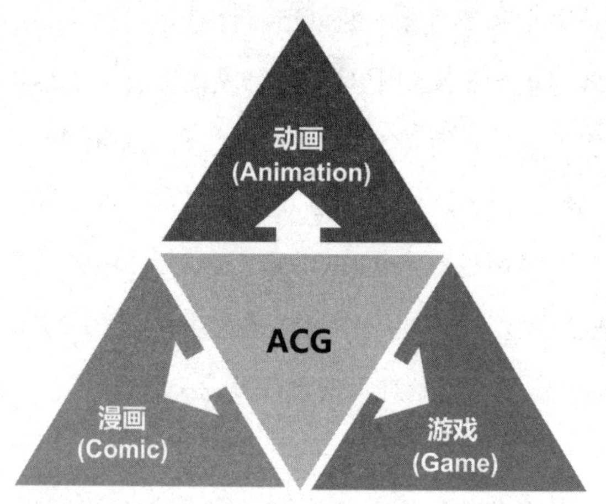

当前，我国的动画、漫画、游戏产业还是相对独立地在各自谋求发展，因此，三者之间进行跨平台合作的企业还是比较少的，腾讯互娱是实现跨界整合的典范。而其他的企业往往要么只有游戏，要么只有动漫。然而，能够实现互利共荣，其中的一个重要问题就是能否实现整合。优质IP+好的创意并不表示就能够研发出优质的产品，因此，在ACG模式下，将IP作为出发点，以源头养产品，最终游戏建立在原汁原味的动漫IP的基础上来吸引更多的粉丝，之后再根据其产业特性来扩散对游戏玩家的影响力，这样便一步步打通了产业链，实现了价值链上的互利共荣。

这里我们从一些游戏跨界案例来看IP的演变，并不断进化到更高的表现形式：

游戏IP演变的表现形式

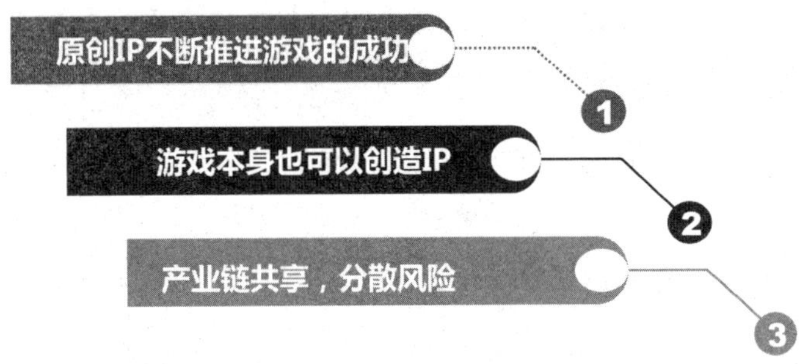

1.原创IP不断推进游戏的成功

网页游戏研发巨头墨麟集团研发了一款《风云》的游戏，其原型是根据《风云》漫画，改编并上线三个月之后，就获得了月流水过亿的收入。《风云》从漫画改编而成的游戏是一个非常好的跨界结合的案例。基于原创内容的改编，让《风云》漫画的粉丝也逐渐转变为游戏的忠实粉丝，从这一点来讲，游戏的跨界是非常成功的。

2.游戏本身也可以创造IP

随着手游领域的不断发展，各种手游不断涌现，这样就使得单个手游的导量难度越来越高，而IP对游戏产业的帮助和影响也越来越受到人们的关注。除了改编游戏以外，游戏本身也可以作为其他行业的基础创造出更有价值的IP。《仙剑》就是一个很好的例子，它从游戏改编为电视剧、电影等，将很多玩家吸引过来并将其转化为电视剧的粉丝。

3.产业链共享，分散风险

日本的跨界整合模式实际上是一种很好的产业链共享，以及分散风险、获得更大利益的方式。剧本是一个IP，但是在其基础上各个产业链上的环节进行整合，在共享IP版权的基础上从漫画、动画、游戏三方面分别入手，大家一起投资，通过分享将IP做大，并且各自承担风险，获取最大的利益。可以说，这是一种更高的IP价值最大化的表现形式。

这种ACG模式目前在我国还处于初级阶段，但是在日本这种模式已经进入了大量被采用的阶段。目前，日本国内与动漫有关的市场规模已经超过了2万亿日元，世界市场的65%、欧洲动漫产品的80%来自日本。基于动画片、卡通书和电子游戏三者相结合的商业模式，日本已经成为了全球产量最大的动漫大国。这种庞大的产能也直接提升了游戏行业的产值。

以日本最大的游戏IP厂商万代南梦宫为例。2014年4月至9月的5个月之间，万代南梦宫总销售额达到了2500亿日元，其中游戏商业的利润就达到了200亿日元。随着移动电子游戏（也称为手游）行业的逐渐兴起，万代南梦宫除了继续PC端游戏推出漫改游戏，同时也在移动端推出了多款漫改游戏。如《海贼王：寻宝之旅》，这款游戏在日本的日服获得了App Store最高前三、Google Play最高前十的好成绩，其短期下载量也惊人地突破了800万次。因此，可以说ACG模式的跨界整合是IP价值呈现最大化的体现。

文学IP版权下蕴含文化金融机遇

当下，文化产业的发展势头正盛。然而，在文化产业中，IP成为了关键词。依托于IP产生的影视作品、话剧、游戏、网络剧、游戏等产品层出不穷。尤其是那些优质的IP资源成为了各大影视公司、出版企业等相关文化机构争相逐鹿的焦点。

艾瑞咨询的《2016年中国网络文学行业研究报告》显示：

网络文学IP衍生现状

IP商业化进程逐步完善，影视、动漫、游戏是核心方向

2015年互动娱乐进入IP元年，版权成泛娱乐核心竞争力，网络文学作为最大的IP源头，与影视、动漫、游戏等多方衍生联动，取得了优异的成绩。
在成功改编的热门作品中，大多原著小说来自阅文平台。

电影

- ✓《寻龙诀》
- ✓《九层妖塔》
- ✓《左耳》
- ✓《何以笙箫默》
- ✓ ……

电视剧/网剧

- ✓《花千骨》
- ✓《芈月传》
- ✓《琅琊榜》
- ✓《何以笙箫默》
- ✓《盗墓笔记》
- ✓《无心法师》
- ✓《校花的贴身高手》
- ✓ ……

动画

- ✓《莽荒纪》
- ✓《择天记》
- ✓《灵域》
- ✓ ……

游戏

- ✓《武极天下》(手游)
- ✓《莽荒纪》(页游)
- ✓《九天星辰诀》(页游)
- ✓《大主宰》(手游)
- ✓ ……

图片来源：《2016年中国网络文学行业研究报告》

以上报告表明，当前网络文学IP的商业化已经逐渐向各个领域延伸，呈现出一种枝繁叶茂的景象。尤其是2016年，各大电视剧如《青丘狐传说》《寂寞空庭春欲晚》《女医明妃传》等已经垄断了荧屏，更有《古剑奇谭2》《微微一笑很倾城》《幻城》《青云志2》等大剧接力。然而，这些电视剧中，无论哪一部都是围绕文学IP延伸故事情节的。因此，2016年文学IP风刮得更是猛烈了。

在文学IP受热捧，这些优质IP资源具备天生商业理念，因此内容版权争夺战越演越烈的时候，各大投资者在泛娱乐文化环境下也纷纷嗅到了商机的味道，在成熟的商业运营模式下，结合全产业链开发，一场文学IP的投资热潮来临，使得其获得了丰富的市场回报，形成了崭新的泛娱乐产业模式，同时也带来了文化金融机遇。

1.文化金融里的机遇——挖掘IP现象潜力

近几年，国内的影视圈上空被疯狂的“IP热”笼罩着，尤其是2015年至2016年，在影视圈中“IP热”这把火更是越烧越旺，受到狂热追捧的人也是越来越多。在这种观众狂热的追逐下，引发了国内的一种新兴的经济模式，即“IP粉丝经济”。

这种经济模式中，粉丝经济是实现IP商业化的有效途径，人们在追剧的时候，不仅仅是因为追星，而是因为一部IP剧能够给广大观众带来内心的认知感。在IP粉丝经济中，可以是一个角色，也可以是一个故事、一个用户喜欢的事物，但无论如何，文学IP都是连接观众与角色、故事、事物的情感纽带。也正是基于这一点，有不少投资商抓住机遇，打造文学金融产品。

湖南创无限移动互联网科技有限公司借助自己敏锐的目光和灵敏的嗅觉，捕捉到了文学IP能够带来的巨大商机和发展前景，因此在当前“IP热”的基础上联合内蒙古文化产权交易所，通过政府联席会议审批成立了数字产权交易平台。这一举动的目的是为了打造一个互联网化的文化产权金融平台，以此来帮助更多的IP能够从一个原本只是文学符号的代名词逐渐转变为泛娱乐产业界的金融产品。

2.文化金融产品诞生，将从千亿娱乐产业分羹

据招商证券公布的数据显示："2015年，网络文学市场达96亿元，电影+电视剧+网络剧的市场规模逼近千亿，网络游戏市场规模突破1325亿元，互联网巨头阿里巴巴、百度、腾讯纷纷斥巨资布局文化产业。"

这一组数据已经充分表明，当前文化金融异常火爆，同时也证明文化金融的市场发展前景十分看好，其中蕴藏了巨大的商业潜力。

数字产权交易平台将IP产品有效整合成金融产品

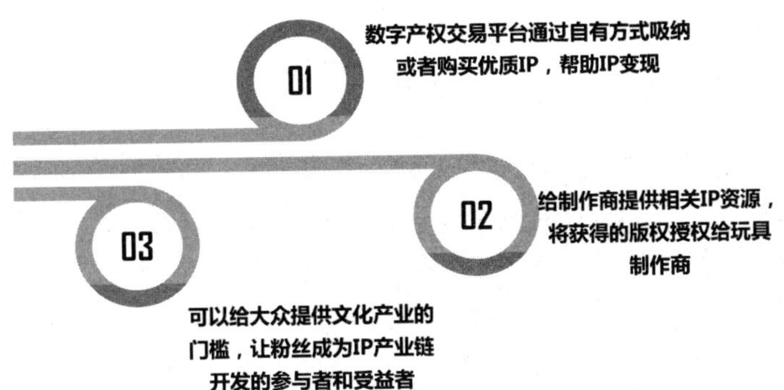

在过去，主要是通过独立投资、合作投资、银行信贷、文化基金投资、吸纳房地产或者矿产行业散户资金等投融资方式来对一个文化项目进行投资的，这些投资方式动辄百万千万，庞大的投资金额让人望而却步，因此，最终能够从这个文化项目中获利的往往只是极少数的资金雄厚的投

资者。

然而，当前成立的数字产权交易平台可以将IP产品有效整合成金融产品，并且可以借助互联网让IP产品和用户之间的互动互通变得更加容易、更加直接。

一方面，数字产权交易平台本身可以通过自有方式吸纳或者购买优质IP，能够帮助IP变现；另一方面，给制作商提供相关IP资源，比如获得《花千骨》中灵虫糖宝的版权后，再将其授权给玩具制作商；另外，可以给大众提供投资电影、游戏、综艺等文化产业的门槛，这样，粉丝不但成为了IP的受众，也成为了IP产业链开发的参与者和受益者，同样可以从娱乐产业中分羹。

总而言之，数字产权交易平台作为政府联席会议审批的合法平台，是非常受国家支持的，不但有国家牌照的交易资质，还有银行托管资金。因此，可以说文化金融在安全保障问题上已经赢在了起跑线上。相信，随着文学IP版权的价格不断飙升，虽然文化金融产业当前处于初级阶段，但是它会逐渐发展成为最具潜力的行业之一，其中蕴含着巨大的商机和潜力。

但值得注意的是，“互联网+”时代下的文化金融产品未来是否能够获得最佳的发展潜能，关键需要看这个IP所具有的金融价值的大小以及IP作品能否在大众当中具有出色的影响力和吸引力、是否能够有良好的历史销售表现。这些对于文学金融的发展都有一定的影响。

“众筹+IP”成吸金筹码

如今，无论是网络剧还是热门年度大戏，抑或是票房口碑非常叫座的大电影，这些能够取得票房或点击量佳绩的影视作品，其实无一例外都有一个共同的特点，那就是都是从网络小说改编而来的IP剧或者IP电影。尤其是进入2016年以来，很多成功的爆款问世，让IP的改编彻底升温。也正是这个时候，知识版权被推到了历史的最高层次，并且被世人重新进行定位，而且有了更加全新的发展方向。

随着“互联网+”的不断发展，影视众筹成为一个新兴领域，受到了更多人的关注和重视，影视娱乐产业中所蕴含的巨大价值被越来越多的人所挖掘，粉丝经济带来了文化的共享，电视剧和电影产业已经不再是传统文化精英个人的创作，而是粉丝们狂欢的天堂，只要足够的火热，只要粉丝们有需求，这些需求都可以成为影视作品中的一项内容。

2016年的热剧《微微一笑很倾城》就是一个最为典型的例子。《微微一笑很倾城》是一个成熟的IP，是由一部网络小说成功改编而成的电视剧，该剧的制作水准高超，因此得到了新一批电视剧迷的追捧，上线6天，播放量就突破30亿，成为当之无愧的“年度热剧”，随后又在此基础上推出了电影版《微微一笑很倾城》。2016年8月12日电影版上映后，依旧是众星云集，大明星深情演绎，但是并没有在热三遍、冷三遍的炒作下影响上座率，截至2016年8月31日，仅仅半个多月的时间里就获得了2.69亿票房，仅上映当天就获得了5000万票房。因此，从票房业绩来看，片方稳赚不赔。

其实，不论电视剧还是电影，只要有IP做后盾，那么票房和点击量就能够实现暴增是一件不争的事实。这已经充分说明IP是一种有效的吸金利器。

优质IP能够积累大量的粉丝和口碑，其能够实现从一个领域的粉丝向向另一个领域粉丝转换所带来的巨大利益是不需赘述的，由此向其转而投资的人也就越来越多。而“众筹+IP”所体现出来的优势则更加明显。

实际上，IP的属性与众筹之间就存在着天然的联系：

IP的属性与众筹之间的联系

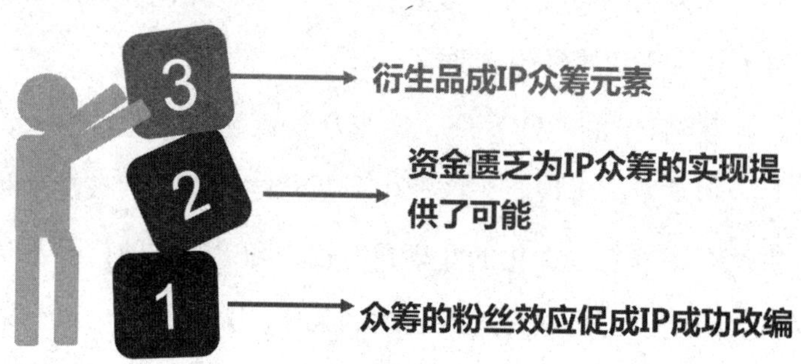

1.众筹的粉丝效应促成IP成功改编

知名IP自然能获得投资人的大批资金，但是众筹带来的粉丝效应和支持效果给IP成功改编带来了十足的把握。

这里举一个反例。电视剧《芈月传》本来是想继《甄嬛传》之后能够再创收视奇迹，但是让人遗憾的是，随着收视量的不断增多，该剧的网络剧评分数却从播出前的8.7分下降到收官时的4.9分，也因此成为了近年少有的“大剧口碑滑铁卢”事件。

这个反例充分说明，之前《甄嬛传》已经在大众粉丝的思想中先入为主，因此，即便是好的剧本、好的导演、好的明星，也并不能成为保证收视率猛增不跌的“万金油”，关键还是由观众的想法来左右的。

2.资金匮乏为IP众筹的实现提供了可能

能够达到IP大投资人级别的毕竟还在少数，而且无论是电视剧、电影、游戏、动漫从买版权、研发设计，到宣传和发行，以及支付明星片酬、工作人员薪酬等也都是需要大量资金支持的。优质IP资源要成功改编为一部优秀的影视、动漫、游戏等作品，在很大的程度上是需要投资人的青睐的。实际上，在我国目前已经出现了IP众筹项目。但是，大多数集中在动漫领域，而在电影、电视以及其他方面的IP众筹则比较少见。

2015年，一部国产3D动画片《西游记之大圣归来》彻底点燃了暑期档，在上映短短20天的时间里就拿下了7.3亿元的票房，叫座又叫好的程度堪称奇迹，因而被称为国产动画崛起之光。之所以能够获得如此战绩，关键在于片尾字幕里滚动的近100位投资者。参与《大圣归来》投资的有89位众筹投资人，总计投入780万元，兑付时获得本息约3000万元。也就是说，在几个月的等待后，这部电影给89位众筹投资人平均每人带来了高达25万元的收益。

《西游记之大圣归来》是从我国家喻户晓的四大名著改编而来，本身自带IP。因此，将《西游记》的IP改编为动画片，自然能够异常火爆。这些众筹投资人正是看到了这一点，所以才使得《西游记之大圣归来》的众筹项目能够得以成功，才有了后来的票房奇迹。

第三方的数据也证实了影视IP众筹的火爆。零壹财经最新数据显示，截至2016年1季度末，我国影视众筹平台(含综合型平台)至少有46家。截至2016年5月31日，全国共上线影视众筹项目约1400个。其中，约150个众筹中，为剧本征集、演员招募、设备筹集，资金众筹的项目约占89%。产品型影视众筹累计成功筹资3400万元左右，收益型影视众筹筹资约3.6亿元，泛众筹保守估计在10亿元以上。

3.衍生品成IP众筹元素

一些涉及到IP的影视众筹项目，也往往是影视周边的衍生品。同时还出现了垂直的IP众筹平台，如IP众筹网、摩点网等网站也有原创IP众筹项目，但是还主要倾向于动漫IP众筹为主的垂直众筹模式。

由魔吻首饰官网举办的淘宝众筹《大圣归来》主题饰品众筹项目在2015年12月31日正式开始，活动仅在开始一周时间内就已经获得众筹项目资金100万，众筹的成功率超过了5047%，无论是项目完成时间还是众筹获得的募集金额都超过了此前周大福创下的78万募集额度，刷新了淘宝众筹同品类新记录。

由此可见，众筹与IP属性之间的这种天然关系已经足以成为当前最具吸金的筹码，而“众筹+IP”的这种商业模式也必将有更加宽广的发展前景。

各大巨头布局大IP商业模式

2014年，“泛娱乐”一词被国家文化部、新闻出版广电总局等部委收入行业报告中，并且重点提及。2015年，“泛娱乐”一词又被一些大型互联网企业作为企业战略大力推进，使得“泛娱乐”被公认为是“互联网发展八大趋势之一”。2016年被视为IP元年，因此对于泛娱乐领域的投资者和创业者来讲，当前是最好的时机。

根据2016年年初德勒发布的《中国文化娱乐行业发展现状及市场前景预测》中的数据显示：“国内文化娱乐产业2015年中规模达到了4500亿，在2020年更有望达到10 000亿，届时文化产业将成为我国国民经济性支柱产业。

截至2014年，传媒产业产值占GDP比重为1.79%，离支柱性产业目标尚远。电影产业在整个文化产业中的重要性和价值高度凸显，一系列政策支持助推影视行业进入加速发展期。

2016年是IP生态链快速发展的一年。行业上市公司通过产业链上下游关系产生各种深度跨界合作，显示出了热门IP在嫁接互联网之后迸发出的前景。IP产业链快速扩张，以网络小说、漫画等为代表的IP价值水涨船高，上市企业相继布局IP产业链，2016年IP生态链将进一步获得市场认可，迎来快速发展的转折点。”

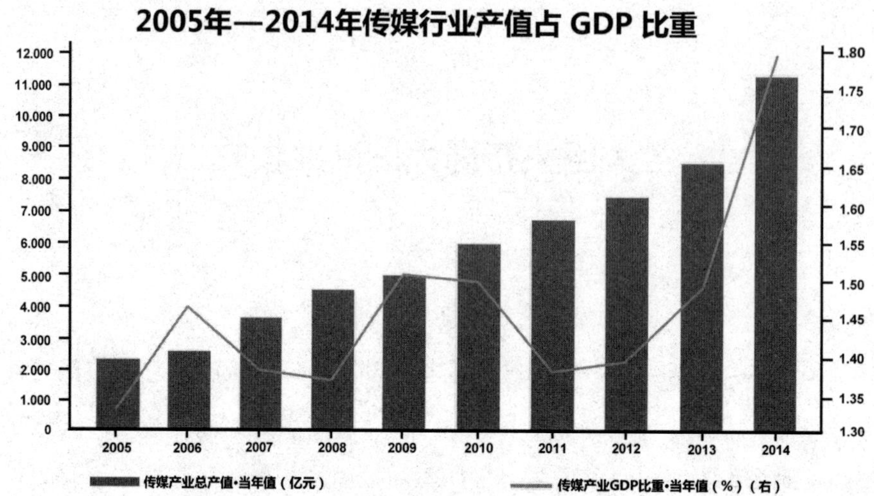

资料来源：2016年《中国文化娱乐行业发展现状及市场前景预测》中的报告

所谓泛娱乐其实就是指基于互联网和移动互联网的共生，即打造明星IP的粉丝经济。当前构建产业泛娱乐生态已经成为业界的共识。正是看好当前IP带来的巨大泛娱乐市场前景，各大巨头也都纷纷开始布局IP商业模式。

1.腾讯大幅发力动漫、手游IP，布局泛娱乐市场

泛娱乐的概念其实最早是由腾讯公司副总裁成武在2011年提出来的，因此，腾讯可以称为泛娱乐概念的提出者和先行者。但是尽管如此，腾讯也并没有急于在泛娱乐领域做出看得见的成果，而是极为低调地在公司内部完成了游戏、文学、动漫、影视四个领域的业务布局，从而在此基础上积累大量的优秀IP。

马化腾曾在谈及对内容的理解时，讲到："如果只是提供最简单的连接，那就只是纯管道，这种连接无法提供足够的增值服务。过去11年来，腾讯在内容领域，尤其是网络游戏，已经扎根下去……未来要形成一个影

视、文学、游戏、动漫、音乐等领域延伸构成一个交织的、分层次的新生态。”由此可见，腾讯如此低调行事，在IP的布局方面采用厚积薄发的思路，实际上是为之后的IP运营发力做足充分的准备。

2014年，腾讯游戏产品中，最热的莫过于《尸兄》，并且将其中的角色集体穿越到了枪战网友《逆战》当中，随后，《尸兄》的同名小说陆续登陆腾讯文学旗下创世中文网，从而有效实现了动漫作品的文字化。这一年，腾讯《尸兄》的手游IP卖出了破记录的高价。之后，腾讯动漫平台上有6000多部自有IP国漫作品，其中有440部精品，34部点击破千万。

2015年，腾讯动漫在动漫作品的内容方面，逐渐开始扩展其广度，并且在版权引进和原创漫画方面加大推广力度，如《东京喰种》《暗杀教室》等，都是腾讯从日本引进的版权。

2016年，腾讯互娱从巨人网络、金山逍遥网、盛大游戏网等巨头手中收购了众多IP，如：《征途手机版》《剑侠情缘手游》《传奇世界手游》《御龙在天》等手游作品。

毋庸置疑，腾讯能够拿下如此多的IP，可以说当前国内游戏行业中的第一梯队只有腾讯一家了。然而，腾讯的最终目标并不仅限于动漫和游戏领域，而是通过打造最好的IP，进而形成一个贯穿游戏、文字、动漫、影视的IP生态。

2.阿里巴巴广撒网，寻找潜力文学IP

2015年10月下旬，阿里影业宣布投入10亿元项目基金，用于未来三年内的IP孵化、影片制作、宣传发行、人才培养、成立工作室等。并且阿里影业还联合优酷土豆、北京电影学院、中国传媒大学等诸多合作伙伴共同开启全球青年电影人挖掘行动，并将此次行动命名为“A计划”。

12月底，阿里巴巴旗下的阿里文学在北京召开发布会，其主题是推出“光合计划”，主要是为了实现文学IP的挖掘以及孵化。“光合计划”其实是阿里巴巴设计的一款围绕IP的培育和衍生将多个项目捆绑在一起的计划，其中包括“中短作品曝光计划”“精品阳光扶持计划”“IP联合培养计划”“IP联合开发计划”。在此次发布会之后，阿里巴巴不断进行收购，并获得了众多投资，目前阿里巴巴已经拥有了文学平台、视频平台、影业公司、游戏公司、游戏渠道。

各大巨头布局IP商业模式

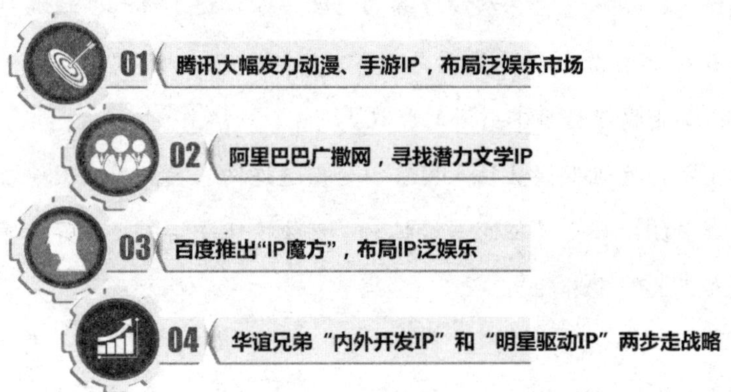

事实上，阿里巴巴这一系列举动其实已经表明，阿里巴巴在新时代的互联网IP布局方面已经逐渐浮出水面。阿里巴巴“A计划”的主要目的是为了在全球范围内挖掘和培养最顶尖人才；“光合计划”的目的就是为了从多个项目计划中的不同维度去挖掘优秀的网文作者，如已有的网络文学作者、散落在民间的草根作者，甚至是那些没写过小说但是具有潜力的普通网文读者。简言之，阿里巴巴是为了从众多领域中寻找到可以创造文学IP的人才和影视人才，并以此作为基础逐渐加强其在IP方面的布局。

当然，阿里巴巴在IP方面的布局是一个“10年IP计划”，因此，每走一步棋都是为实现10年IP计划做准备。进入2016年，阿里游戏已经储备了大量影视剧、网文、动漫等类型的IP资源，其中动漫和影视剧IP占有比重超过60%，并且未来会将这些IP资源免费陆续提供给阿里巴巴的优秀游戏开发团队，用于打造精品游戏。

3.百度推出“IP魔方”，布局IP泛娱乐

百度在IP布局方面，最突出的策略就是在IP价值水涨船高的2016年推出“IP魔方”。“IP魔方”根据IP的属性提供全套的解决方案，可以有效发现和预估潜力IP。

IP魔方榜单中汇集了包括电影、小说等七大主流分类，魔方指数可以最多同时对比5个IP的价值趋势。并从两方面入手进行评估：

（1）用户画像，通过借助百度大数据提供最全面最精准的IP用户画像和属性。

（2）舆情监控，提供最新、最及时的IP消息和IP新闻，同时可以增加IP来源以及IP的改编情况的信息。

举个简单的例子。借助IP魔方，对综艺节目《奔跑吧兄弟》进行用户画像，发现关注该综艺节目的男女人数比例各占50%；用户最喜欢的游戏风格是Q版，且游戏用户年龄主要集中在18~24周岁；用户最喜欢的游戏是跑酷类游戏，主要游戏是天天跑酷。根据这样的用户画像，可以制定出最佳的解决方案，即《奔跑吧兄弟》最适合改编的类别是Q版跑酷类游戏。在研发方成功改编成游戏上线后，该游戏获得了单月流水突破3000万的好成绩。这个例子充分说明了IP魔方具有非常强的可靠性。

4.华谊兄弟“内外开发IP”和“明星驱动IP”两步走战略

华谊兄弟在拍片的同时，也积极投入更多的资金和时间在IP布局上。

（1）华谊兄弟自身不断积累IP储备和开发，并通过投资细分领域的影视制作公司获得丰富的IP。

2015年7月，华谊兄弟与中国星电影公司联合推出魔幻大片《封神》，同时同名手游也与电影同步发行。360游戏获得了电影《封神》的游戏改编权，并且整合价值超过1亿元的资源，将其用于和电影《封神》相关的跨界合作以及IP游戏改编。此外，华谊兄弟还和美国的STX公司的18部影片共同合作，与《蝙蝠侠》系列电影的创始人和制片人联手开发国际IP，与韩国的Showbox合拍了6部大片，这些对于华谊兄弟来讲，其实都是对其IP资源库的不断充实和补充。

（2）通过“明星驱动IP”，让IP级导演的IP驱动作用大幅提升，以期孵化出更多的新人导演。

2015年10月末，华谊兄弟以7.56亿元收购了浙江东阳浩瀚影视娱乐有限公司（简称东阳浩瀚）的艺人股东或艺人经济管理人所持有的共计70%的股权，其原因是东阳浩瀚旗下有诸多明星持股，包括杨颖、李晨、冯绍峰、郑凯等。华谊兄弟的这一举动其实就是在通过挖掘明星为之后的明星驱动IP打基础。被收购后，东阳浩瀚更名为华谊浩瀚，在影视剧、综艺节目以及娱乐营销和粉丝经济三大板块中布局IP：

在影视剧方面，围绕旗下明星股东展开影视剧项目大IP孵化，投资、制作和发行，当IP孵化之后，就由华谊兄弟完成制作任务。

在综艺节目方面，华谊浩瀚与各大卫视、视频网站全面搭建合作关系。

在娱乐营销和粉丝经济方面，对现有艺人和IP的大型演出、粉丝活动以及衍生品进行全面开发。

从这三个方面出发，华谊浩瀚打造出了以明星为内核的IP产品矩阵，通过这种全新的商业模式来实现华谊兄弟的娱乐生态版图。

02 第二章 解读 超级IP

在过去，说到IP，人们的第一反应就是IP地址，但是2016年刮起了一股IP热潮，仅IP剧就占据了半壁影视江山。在这个人人都在谈IP的时代，如果还有人对这个名词一无所知，那么这个人就必然会被看做是跟不上时代潮流的“土包子”。因此，在这个大IP时代，我们或多或少得对IP有一定的了解。

IP商业是人与物连接的温度

人人都在谈IP，在当前这个IP热的时代，IP概念犹如“互联网思维”“大数据”“工业4.0”一样，已经成为影视圈的高频词汇，同时也是各大电影节、论坛上热议的话题。而IP也借助粉丝经济，打开了消费者的想象空间，给各领域带来了巨大的投资商机。

那么，究竟什么是IP呢？在英语世界里，一提到IP，人们首先想到的是“IP地址”。然而，这里所讲到的受到各大领域热捧的“IP”实际上是Intellectual Property的缩写，即“知识产权”。在影视IP中，IP意味着具有大量粉丝基础的网络文学、原创文学或者游戏版权；在明星IP中，IP代表着明星具有的能够引起粉丝效应的、某一特定的爱好、习惯、风格等。近年来这种版权影视被各大投资商和影视公司争相购买；各种综艺节目、真人秀等节目也借助明星IP的粉丝效应而增加收视率，并且屡试不爽。

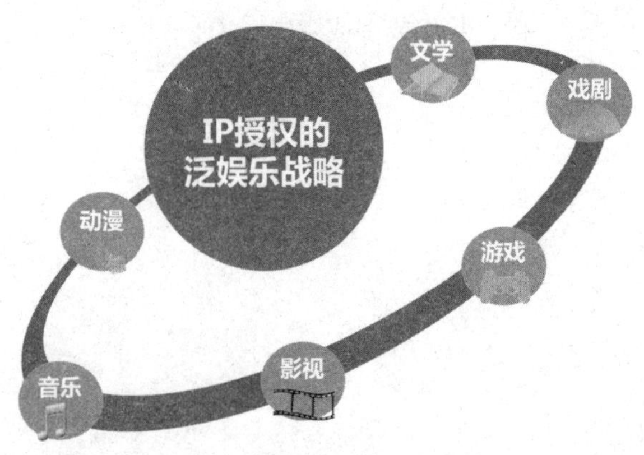

当然，借助成熟的运营机制，可以成功地将IP在漫画、电影、电视、手游、文学、音乐、戏剧以及衍生品领域进行转化，从而形成巨大的泛娱乐文化市场。

据相关数据显示，2011年至2015年，泛娱乐IP的核心产业均处于长线上升趋势，总产值由188亿元增加至4229亿元。中信证券的研究报告显示，2015年我国的“二次元”（动漫游戏等亚文化）消费者规模已经超过了2亿，其中核心用户数量占了27.1%，其中绝大多数的消费者集中在15—30岁范围内。随着文学爱好者的成长和消费者消费实力的不断提升，泛娱乐市场有望持续扩大。

尽管受到当前数千亿泛娱乐市场规模前景的吸引，使得IP产业成为了资本竞相追逐的风口，但是IP商业模式并不是传统商业的竞争者或者替代者。IP商业是一个思想维度的产物，代表的是一种新的思维方式和商业哲学，并不是像传统商业一样将商业的定位和招商、运营等局限在一个空间内，而是基于大数据分析进行目标定位，将项目进行人格化，主要经营的是流量，最终将整个商业中心通过巨大的流量聚集逐渐变为一个亚文化社区。也就是我们所说的超级IP。简单来讲，传统商业实际上是一个消费场所，其突出功能属性的“物”，而IP商业模式突出的是人与物之间连接的温度。为什么这么说呢？

当前，商业环境中最不缺乏的就是“物”，而“情感”“温度”这是最为缺失的。IP商业正是在这种情况下，用自己“温度”的属性成功逆袭。具体来讲，包括以下几个方面：

1.强调情感——个性标签，IP植入

凡是优质的IP资源都有一个共同的因素，那就是它能够给它的粉丝或用户带来很大的情感上的寄托，并在此基础上让用户产生互动。一个好的

IP不会仅限于一个文学作品，还可以使游戏、动漫、戏剧、音乐等其他形式的物品植入某种特殊情感，从而给粉丝带来持续不断的情感上的联系。

传统商业和IP商业的区别

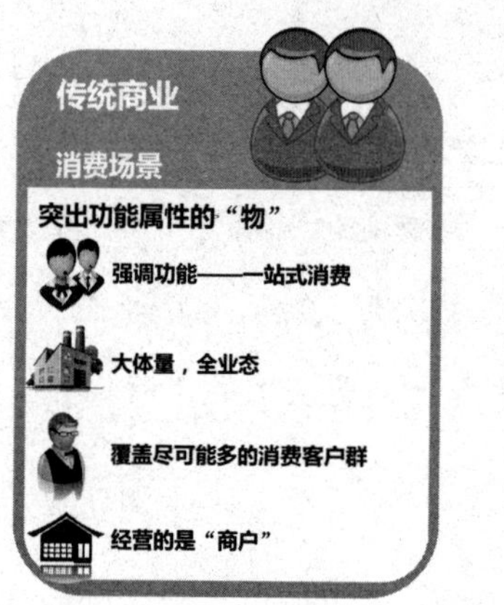

2.聚焦小众客户群

当前，消费人群越来越差异化，所以市场细分成为一种趋势，无论是影视IP，还是游戏IP、动漫IP、文学IP等，都需要从细分领域出发来满足小众客户群，当具备一定口碑优势的时候，则依靠口碑积累进行滚动传播，从而实现“小众引领大众”的目标。

3.高频黏性，粉丝撼动市场

优质IP资源不仅能够打动人心，更能够走入人心，也只有这样才能高频吸粉，用这种高频吸粉方式达到粉丝规模的逐渐扩大，形成一个庞大的粉丝群，进而带动整个市场的快速发展。

4.经营的是“人群”

超级IP面对的受众对象是针对某一特定领域、喜好等的粉丝群体，因此，可以说超级IP经营的是“人群”。

超级IP正在重构商业模式

长期以来，我国的经济发展主要依靠大量廉价的劳动力、土地、资源和出口等方式驱动经济的发展，并且这种发展模式是一种粗放型经济模式。当前，我国的经济发展呈“L”型发展趋势，因此，经济转型势在必行。未来经济的发展主要方向还是创意、创新和精耕细作。

仔细回顾我国2015年，在国家政府政策方面：政府制定并实施了创新驱动发展战略纲要和意见，出台了“大众创业、万众创新”的新举措，并落实“互联网+”，以此来增强经济发展新动力，启动《中国制造2025》；2016年两会上提出要提升消费品质等。这些实际上都表明国家对知识产权的重视程度越来越高，同时也表明通过IP（知识产权）保护商业模式是一种非常有效的方式。在影视产权诉讼方面，2016年7月份，唐德影视与上海灿星文化双方围绕“好声音”版权问题打响了版权争夺战，自从“好声音”引入我国以来，节目播出四季之后获得了很高的人气，而且由“中国好声音”衍生出的其他节目也获得了很好的收视率和播放点击量，也由此说明“好声音”这个品牌已经自带深层次的商业价值。也正是看到了这一点，自从2016年起，与“中国好声音”同类节目不再引进国外版权，而是注重原创，将更多的原创内容融入节目当中，成为一种全新的商业IP模式。

在国际市场，IP也直接影响全球经济格局，IP在商业文化和商业运转规则中具有绝对的话语权。微软之所以能够在计算机行业独霸天下，关键在于其对于IP的很好保护；近几年，苹果一直都是在与三星、华为之间进行诉讼拉锯战，其实都是对于手机专利权的归属问题而展开的。

的确，在这个全渠道时代，人们对于IP的重视程度高于任何一个时期，也正是这个时代，使得IP引起的纠纷问题也越来越多。由此使得人们寻找一种更加具有创意、创新性的商业运营模式。虽然商业和IP并不同属于一个领域，但是把IP植入商业运营模式当中，将会产生意想不到的商业效果。

IP植入商业运营模式当中产生的两大商业效果

1.产品IP化

所谓产品IP化，就是指产品超越了原本的功能价值属性，上升为一种信仰、一种价值观或是一种情感。这种意识形态可以孵化出产品除去功能之外的其他价值，还可以拓展到其他方面产生更多的新东西和新价值。

当然，这种产品IP化是与产品的品牌有一定的区别的。IP和品牌同样都是附着于产品之上，都是一种无形价值，但是两者之间还是存在很大差异性的。首先，品牌所提供的是功能属性，而IP所提供的是一种情感寄托。品牌是依附于产品的，没有产品的品牌是不可能存在的；而IP是赋予产品价值的，即便是脱离了产品同样可以存在，并且可以衍生出更多的产品。其次，品牌的延伸性是非常有限的，但是IP却是无限延伸的。总而言之，IP化产品可以自动聚集大量忠实粉丝，具有较强的穿透力、延展性，并且随着时间的推移不但不会消失，反而蕴含的价值会越积越多。也正是如此，IP被更多的商业企业提上日程，纷纷在自己的产品中植入IP。这也正是产品IP化具有更大商业价值的原因所在。

2016年6月16日，上海迪士尼正式开园，成为长三角主题公园的强力竞争对手。同时也有一些与IP相关的概念股受到热捧。当前仅全国范围内就有很多游乐场所异常火爆，广大游客为优质的产品和服务所倾倒，但是能像上海迪士尼集团这样的变现能力还是比较少见的。迪士尼作为一家全产业链集团，拥有众多超级IP，娱乐节目制作、主题制作、图书、玩具、电子游戏、饰品、家居用品、电子等产品中都植入了IP，且其价值还能不断被挖掘，并且已经融入到了其文化、旅游、地产领域，然而所有的这些都是为了能够给顾客带来真正的欢乐而倾力打造的。很显然，迪士尼已经成为了当前IP行业的领航者。

上海迪士尼IP变现成功以后，众多旅游行业翘楚也开始关注这个领域，于是纷纷发展自有IP，进入全面IP布局阶段。

2016年6月29日，驴妈妈的母公司景域集团也开始加入IP布局行业，其发展了9大自有IP，这表明景域集团正在打造自己的IP矩阵品牌，同时也为全国重点旅游目的地打造重点IP。

2016年6月28日，众信旅游发布了全新境外参团品牌“U-PARTY自由伴”，同时与中国国航签约，这一举动在很大程度上丰富了出境游市场。凯撒旅游推出一系列以户外、游学、婚礼、美食、体育等主题特色的品牌IP线路产品等。

2.服务IP化

当前随着消费者认知水平的不断提升，花钱消费已经不仅仅是为了满足产品带来的物质需求，而是逐渐上升为服务质量带来的“情感需求”。因此，企业、商家也在消费者的“情感体验”上做突破，从而赋予消费者更多的是“社交和情感”价值，让产品成为这个价值被满足后的附属品或赠品，这样消费者就将注意力从原来的“产品”转移到了“人”，最终的结果就是提升了客户的转化率，提升了购买频次和客单价，这对于商家来讲，是一种非常好的商业逻辑。

然而，实现这一商业逻辑，关键还在于把用户对“平台”的信任进一步上升为对某些特别“用户”的信任，这些特别“用户”会因为在某一领域具有非常独到、全面的知识而成为这个领域中的“IP”，然而这个“IP”就成为整个平台的资产。

当然，这个“IP”会赋予产品更多的价值。之前并不一定对这件产品具有购买需求的用户或消费者，会因为这种环境而产生非理性购买某些商品的行为，所以这种“IP激发”方式会促使用户的转化率、购买频次、客单价的提升，这样基于这个“IP”的作用，使得原本的“人找产品”逻辑逐渐变为了“产品找人”，即产品主动找到了一群类似社会属性的人，是这个“IP”激发了这类人群的需求。这就是服务IP化的力量。

总之，这种“情感需求”是建立在人的社会化属性的基础上的，在未来，人对产品、服务以及企业的忠诚度会变得越来越低，企业在这里投入的成本会越来越高，而基于人和人建立起来的电商服务生态会产生巨大的作用。

举个简单的例子。用户A上网搜索一台手机，这个时候，页面会给出两种排序，一种是“商品列表”，另一种是“用户列表”。当用户A将手机类型和型号确定之后，比如想购买的手机是iPhone 7，之后，用户A会在“用户列表”中发现显示的是一批买过iPhone 7的真实用户，并且提供几种排序可供用户选择，包括“用户等级”“用户购买数量”“用户使用的时间”“用户评价”等，用户A可以选择从“用户评价”中用户的使用情况，判断产品质量、性能的好坏，然后再根据其中的建议最后做出决定买还是不买。在这个过程中，用户A做出购买决定是根据“用户评价”来判断的，因为用户好评率越高，说明这台手机的产品体验就越好，因此，“用户评价”给用户A做出购买决定提供了一定的价值依据。这就是一种服务的IP化。

总之，IP代表着巨大的可变现财产，无论是产品IP化还是服务IP化，实际上都已经在很大程度上重构了商业原有模式，并且这已经成为当前和未来的一大发展趋势。

超级IP流量收割的四要素

很多人在一提到IP的时候，在脑海中第一个闪过的可能是《花千骨》《琅琊榜》之类的IP电视剧，或者直接想到的是基于影视、文学、游戏、动漫等在内的泛娱乐的IP。实际上，无论是什么形式下的IP，能够获得大量流量的IP就是优质IP。

当前，优质IP往往具有更大的开发价值，因此，这种具有开发价值的IP就是超级IP。超级IP的价值在于能够收割更多的流量，而实现这一点的关键就在于我们自己是否能够IP化，企业的产品是否能够IP化，通IP化生存来实现流量的变现。通常情况下，超级IP实现流量收割需要具备以下四个要素：

超级IP实现流量收割需要具备的四个要素

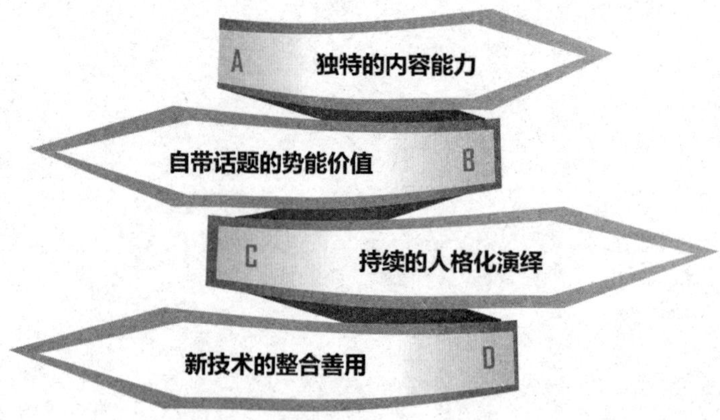

1.独特的内容能力

这里“独特的内容能力”实际上就是指是否能够产生持续阅读机制的内容。如果是同一个文学IP或者网络文学IP，如果它能够在影视、动漫、游戏、戏剧、音乐等各个领域中都有相关的作品，那么这个文学IP或者网络文学IP就会形成长期的注意力和冲击力，能够在不同的领域获得粉丝的喜爱，那么这就说明该IP具有非常独特的内容能力。

以网络小说改编的电视剧《花千骨》为例，不但电视剧吸引了广大的影迷，而且还从作品中的灵虫糖宝衍生出了糖宝发声玩具，造型可爱，独特的发声设计取得众多影迷和非影迷的喜爱。另外，《花千骨》电视剧的主题曲《心之火》《不可说》《千古》《地老天荒》《年轮》《是夜》等情歌也都在制作上贴近故事情节，内容清丽优雅，深受音乐爱好者喜爱。之后，游戏版《花千骨》也上线了，成为众多玩家的最爱。《花千骨》这部网剧，其IP能够带来的长尾经济，已经很好地证明，其具有独特而强大的内容力。

2.自带话题的势能价值

作为自带话题，实际上就是指一个IP能够具有将所有人都能够连接起来的能力。这种自带话题的势能价值同样是一种能够获取流量的能力。

2016年8月12日上映的一部关于动物记录的电影《我们诞生在中国》，是迪士尼与尚视影业联合，由顶级跨国团队历时3年完成的记录片，选取三个真实主角——大熊猫丫丫、金丝猴淘淘、雪豹达娃，记录了它们出生、成长的感人瞬间。这部记录片本身就是以我国动物家族中的三个代表为主角，本身就自带话题，容易形成一种爱护动物、保护大自然的话题蕴含在其中，因此，在网上引得不少口碑相传，上映三天票房超过1400万。

由此可见，自带话题的势能价值，其实是一种非常低成本的获取流量的一种方式。如果一个IP不能够通过低成本来最大限度地获取流量，不能通过大面积的病毒式口碑而在人们心中形成一种传播，那么这个IP也就不能被称为超级IP。

3.持续的人格化演绎

不具备差异化的人格，本身就不能形成情感连接，因此也就不能在广大受众当中形成温度感和参与感。所谓的魅力人格，并不是那些高大上之类的东西，而是能够真实表达自我的内容。这种率真的表达可以是高傲的、自信的，也可以是清晰脱俗的、脆弱无助的，但是无论所表达的内容是什么，重要的在于真实，能够通过真实、独特来吸引人去感知其中微妙的细节。很多时候，这种差异化所表达的是广大受众的一个情感映射，是受众内心心声的真实流露，同时也能够与受众之间产生共鸣。

4.新技术的整合善用

在当前的科技化时代，只有那些更加先进的技术和工具才能更好地为我们带来更多的流量。

以当前互联网时代的社交平台为例。在传统模式下，人与人之间的沟通和交流最早的时候仅限于书信来往，但是后来电气化时代的出现，固定电话缩短了人与人之间交流的距离，再后来移动设备的出现以及社交平台的上线，使得人与人之间的距离天涯咫尺。这种情况下，各种视频平台为更多网红的形成提供了良好的机遇，也由此带来了众多流量。罗振宇凭借自己的“罗辑思维”脱口秀视频，在2016年的用户数量超过860万人；Papi酱以自己特有的个性张扬方式以及犀利、逗趣的语言风格，通过短视频方式在秒拍仅两个月的时间里就赢得了500万粉丝。因此，视频播放平台就是获取流量和红利的新技术和新工具。

新技术平台之所以能够带来巨大的流量和红利，关键在于：平台初始阶段是非常有独特力的，譬如Papi酱之于秒拍，文怡之于微博。但是到了一定阶段之后，这些平台就能够给其带来一定的流量和红利，因此也就逐渐成为了一种流量中心。

然而，Papi酱并不局限于秒拍平台，还通过秒拍分发到了美拍、微博、优酷的自频道，尤其是B站（即Bilibili.com，视频直播网站）。虽然Papi酱在B站的粉丝量只有300万，远不及秒拍的1/10，但是B站的用户更加具有独立传播的能力，他们具有很高的积极性，他们的KOL（关键意见领袖）性质非常强。所以，在某种意义上讲，Papi酱抓住了B站的这种主动转发和分享红利的特点，实现了一个新平台的整合。

“IP热”趣味解读

聚焦当下文化消费市场，一个绕不过的关键词“IP热”已经成为热门话题。从内容来源到开发方式，从营销手段到产业模式，抢占IP资源已经成为了一种流行的行业现象。无论是漫画、小说，还是电影、手游，成功运营IP的例子比比皆是，“IP热”现象已经蔚然成风。

通常情况下，从视听传播学角度来看，“IP热”主要表现为五个方面：

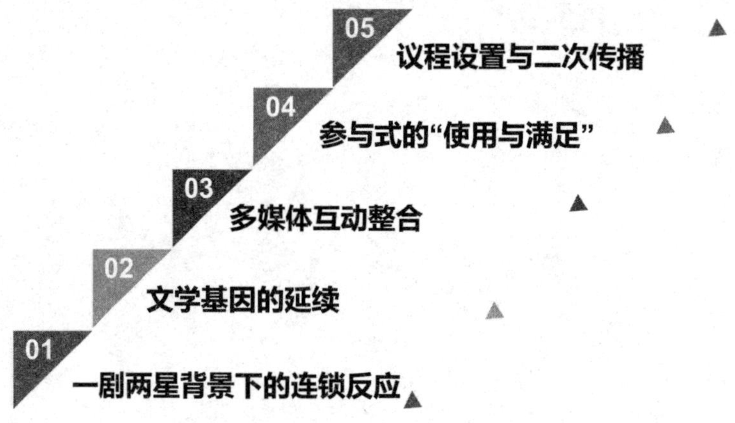

1.一剧两星背景下的连锁反应

从政策上来看，2015年1月1日，国家广电总局推出“一剧两星”的播出政策，规定一部电视剧只允许同时在两家卫视播放。该政策出台后，各个卫视都在争抢好剧的播出机会，然而这一政策的提出给各家卫视造成了激烈竞争，也为电视剧的制作精良问题提出了更高的要求。

从影视作品上来看，“一剧两星”政策使得卫视对电视剧质量要求的提升，也推动了制作公司的谨慎操作行为，不敢轻易开拍新作品。这样就使得“新瓶装旧醋”的翻拍剧层出不穷，同时也使得好剧本匮乏、新题材濒危，在这种情况下，国产电视剧开始走网络道路，借助网络寻找广大观众感兴趣的故事。

从IP持有者来看，之前被边缘化的网络文学如今成为了影视、动漫、游戏等领域的香饽饽，在各公司竞相出价哄抢的过程中价格不断飙升，这样就使得IP作品的价值得到了最大限度的提升。

这样，在“一剧两星”的连锁反应下，IP也就成为各领域中的热点和抢点。

2.文学基因的延续

从传播的内容上来看，当前热门IP大多是从网络小说、文学小说等文化中延伸出来的。文化作品通过多样化题材，包括奇幻、玄幻、都市、修真、穿越等，为人们构建一种拟态世界，借助引人入胜的故事情节，为人们提供娱乐、审美，通过传达一种具有共鸣特点的价值观来吸引和不断积累粉丝。

举个简单的例子。2016年，电影《寻龙诀》《九层妖塔》和电视剧《鬼吹灯之精绝古城》受到了广大观众的喜爱，《寻龙诀》根据《鬼吹灯》后四部改编而成，上映22天，累计票房达到了16.14亿，成为华语片票房亚军；《九层妖塔》根据《鬼吹灯之精绝古城》改编而来，获得2015国庆档总票房第三名的好成绩；电视剧《鬼吹灯之精绝古城》仅仅播放9集，就已经获得了6亿播放量。这两部电影和一部电视剧的原型都是以神秘探险为题材的小说《鬼吹灯》改编而来，分别有实体图书、电子在线阅读两个渠道，其中精彩的故事情节吸引了广大的读者，图书销量超过千万册，这也在一定程度上为电影的上座率和电视剧的播放量提供了保证。

3.多媒体互动整合

随着IP剧的不断发展，电影IP触角也早已向拥有众多粉丝的网络小说领域延伸。更有诸多IP作品在小荧屏上以电视剧形式播出之后，又在大荧屏上以电影的形式博得观众的眼球。在题材上出现了较大的突破，包括青春、仙侠、悬疑等。

不仅仅小说、游戏改编为影视作品，也有歌曲改编影视作品的现象，如《栀子花开》《同桌的你》；还有的将广播改编成电视剧，如《张震讲鬼故事》等。所有的这些都证明一点，那就是当前IP的布局和版图还在持续扩大中，并且在借助互联网强传播渠道的帮助下，进行有针对性的营销。

从传播渠道来看，IP剧的推广主要采用的是人海战术，比如用线下导演、演员与粉丝的见面会，以及人际传播、电视、网络、报刊等诸多媒体渠道进行宣传。

4.参与式的“使用与满足”

互联网时代，网络为人们提供了一个全面开放的平台，因此每个人都可以基于这个平台成为网络小说的创作者。当前，网络小说的主要受众群体集中在青少年阶段，他们共同构成了新时代的文化消费群体，并且在在线阅读和影视行业成为主力军，推动中国影视行业的不断发展。与此同时，这批年轻的受众群体还见证了一批网络小说和游戏的兴起，同时也用自己积极、能动的一面参与其中，为IP的发展贡献出自己的一份力量，在一定程度上提升了票房和收视率。

5.议程设置与二次传播

所谓议程设置就是大众传播媒介影响社会的重要方式。当前，IP剧的传播不仅是凭借IP自身的精彩内容来吸引广大受众，在当前网络时代，基于网络营销的议程设置充分体现了线上线下的互动性，制作方根据获得的反馈意见对作品进行及时修改，直到完全迎合受众口味为止，这就在一定的程度上为影视作品积累了观众基础。与此同时，影视作品的粉丝通过贴吧、论坛等发布影评，并绘制出剧中人物的卡通形象，这就实现了IP剧的二次传播。在借助议程设置和粉丝的二次传播两方面的作用下，IP剧的传播效果自然会有很大的提升。

总而言之，IP之所以如此热，并不是偶然的，而是在新时代下，逐渐形成的必然产物。

03 第三章 开启一场“直播+IP”的资本盛宴

2016年，最火、最受业界内外关注的焦点便是“直播”和“IP”。然而，当“直播”遇上了“IP”，两者之间就产生出巨大的火花，从而开启了一场“直播+IP”的资本盛宴。同时这种“直播+IP”模式，对于那些专注于IP内容的挖掘、用优质内容赢得巨大流量并甩开竞争对手的直播主播来讲，是助其在未来内容直播领域中成为领跑者的全新商业模式。

直播成为社交领域的下一个风口

随着时代的发展，从传统的书信往来，到互联网时代的电子邮箱、论坛、微博，再到当前的微信、QQ，人们的信息传递速度越来越快捷，传递方式越来越简便，时代性也越来越强。

在互联网技术的进一步发展下，直播概念诞生，并且随着互联网的发展进行了不断的更新，现在更多的人开始关注网络直播，特别是网络视频直播更受关注。人们可以通过网络信号，在线收看球赛、体育赛事、重大活动和新闻等，这样，让大众可以实时观看各种赛事和活动，不但在观看直播的选择上有了很大的空间，而且也为其带来了丰富的视觉体验。当然，科技会永不停滞地向前发展和进步，直播技术自然也会随着移动互联技术的发展，出现更多的创新性功能，并更具发展前景。到那时，我们能够真正地随时随地地体验和感受到直播给我们带来的无与伦比的快乐和便捷。

那么什么是直播呢？传统的直播通常指电视直播，然而，如今网络直播已经成为一种流行和趋势。网络直播其实就是利用智能设备，借助互联网、移动互联网平台，通过文字图片、视音频的方式为用户展现自己的观点、意见等，以此来吸引更多人的关注。

2016年，移动视频直播爆发，像斗鱼、虎牙、熊猫、战旗、龙珠、映客、花椒等一大批直播平台如雨后春笋般出现，受到了广大用户和投资人的追捧。视频直播能够在短时间内爆发的原因主要是：

一方面，移动互联网的出现降低了直播门槛。

移动端网民数量急剧上升，直接推动了直播行业向移动端转移，从而为移动直播的发展提供了必要的契机；移动上网的普及，使得即时通讯、移动视频、移动直播成为人们闲暇时间重要的娱乐方式；智能手机的出现，以其清晰的像素和高速运转的处理器，为直播提升了拍摄质量，包括画面清晰度、美观度、流畅度等，同时也提高了户外直播的比例。

2016年移动互联网发展状况

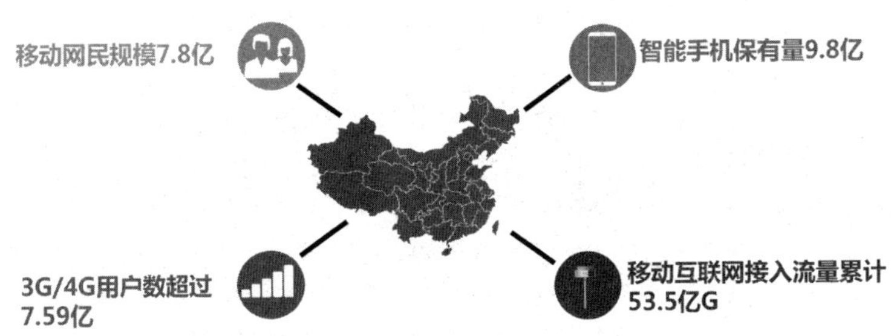

以上为截至2016年上半年统计数据

另一方面，直播合法化，政策监管促进行业的良性发展。

2016年11月4日国家正式出台了《互联网直播服务管理规定》[①]，明确指出对于能够“大力弘扬社会主义核心价值观，培育积极健康、向上向善的网络文化，维护良好的网络生态，维护国家利益和公共利益，为广大网民特别是青少年成长营造风清正气”的网络直播是给予极大的支持和鼓励的，并认为是合法化的。但同时也对那些行业乱象颁布了相关政策进行规范和监督，从而为广大用户提供更加优质、健康、积极正向的内容体验，保证直播行业的良性发展。

从这两方面来看，直播行业发展还有很大的提升和变现空间，在一定

① 《互联网直播服务管理规定》在2016年12月1日正式施行，详见附录。

程度上推动我国经济的向前发展。2015年，尤其是进入2016年，国内视频内容迎来了集中爆发时期，直播成为当前广大网民的主要消费品。在2016年年初上线的Faceu App（一款既可以在App上添加好友，又可以将美拍通过照片和短视频方式分享的软件）、Wecut（一个酷萌特效短视频软件）的成功融资、快手（刷粉软件）的日活跃用户超过4000万，这些都意味着一个全新流量平台的崛起，同时也预示着直播已经成为社交领域的下一个风口。

直播成为社交领域的下一个风口的表现

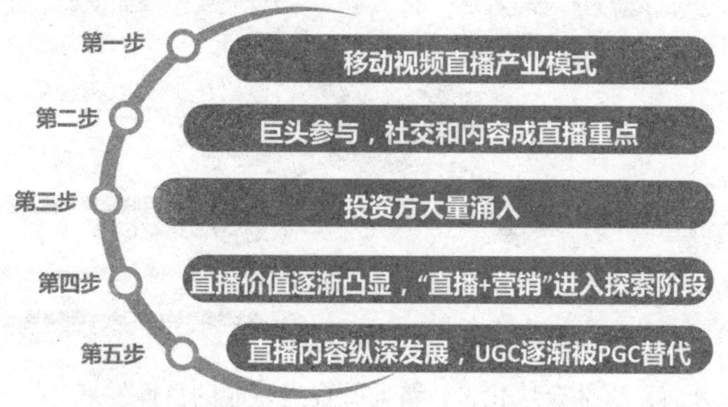

1.移动视频直播产业模式

我国当前移动视频直播产业模式主要是：内容提供方—直播平台—用户。内容提供方从新奇、有趣的内容维度出发，通过图片、文字、表演等能体现其人格魅力的方式吸引用户的长期的集中关注。同时，由于网红主播收入高、成本低的特点引发了大批素人也进入直播行业实现自己的“明星梦”，从而为直播队伍的不断壮大增添了更多的活力。

据网红行业第一媒体今日网红在2016年9月份发布的《中国网络主播生态调查报告》中的数据显示，以映客、花椒、一直播等平台排名前1000名的主播为例，其平均的累计收入是199 665元。45%的主播月收入在5000

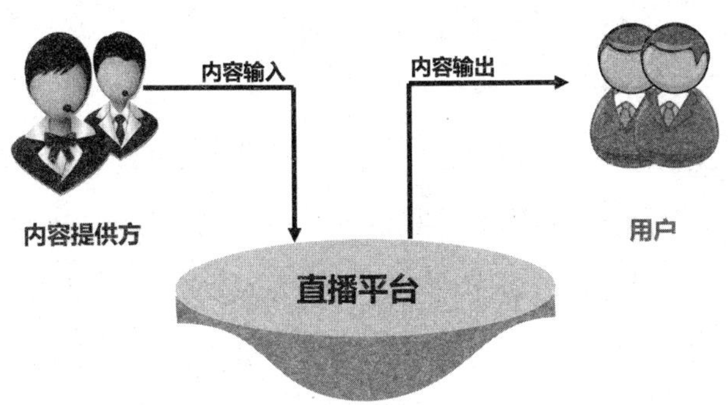

元以下，17%的主播月直播收入在5000~10 000元之间，收入超过三万元的主播人数占13%。值得注意的是，排名前50名的主播占全平台总主播收入的92.8%，其中1%的主播占全体主播总收入的80%。另外，在校大学生是当前主播的主力军，职业主播中将近一半的人集中在90后与95后之间。其中网络主播的男女比例为36：64。有实力的男主播通常人气比较稳定，而女主播虽然人数多，但是变动较大。

2.巨头参与，社交和内容成直播重点

自2015年初至今，直播热度有增无减，“红衣教主”周鸿祎的花椒直播、“国民老公”王思聪的熊猫直播、摇滚音乐人汪峰的映客直播、中国移动推出的“国资背景”的咪咕直播，使得整个直播市场形势走高，同时也吸引了BAT等巨头的加入和参与。

腾讯布局广泛，在游戏、体育、明星、泛娱乐、教育、生活等各方面都有直播布局的身影；阿里巴巴则在电商的基础上开辟了淘宝直播和天猫直播领域，从而为电商生态增添了不少渠道和活力，同时还通过全资子公司合一集团间接在泛娱乐直播、游戏等领域进行全面布局；百度将地图、视频等与直播相结合，同时也在泛娱乐领域进行多点布局、纵深探究。

巨头布局直播，主要目的就是将直播作为其生态发展的一部分，从而实现流量、数据、业务的提升。同时，巨头的参与为直播行业的发展提供了最先进的运营策略、技术支持，有效推动了直播行业的快速发展。

3.投资方大量涌入，为直播平台带来流量、内容、资本优势

当前，大量资本方，包括投资机构、互联网公司、明星投资人、文化娱乐产业，纷纷花巨资投资直播领域，从其带来的资源与优势来看，主要可以划分为用户、内容、资本三个方面。互联网公司最早在直播领域进行布局，自带PGC（专业产生内容）基因的明星投资人与文化娱乐产业在直播的内容资源方面具有得天独厚的优势；投资机构为直播平台提供非常雄厚的资金，从而为直播领域的迅速爆发起到了十分重要的推动作用。

4.直播价值逐渐凸显，“直播+营销”进入探索阶段

直播本身具有互动性、实时性强的特点，因此，可以为用户提供真实的使用场景，增加用户对于产品的体验，同时还可以借助及时互动的方式通过对用户的互动行为进行分析，判断用户的反馈情况，进而及时解决用户问题，有效增强营销效果。

当前，直播平台的营销方式主要有三类：

①展示类广告。展示类广告是利用直播平台的高用户基础，借助流量优势实现营销曝光。

②原生类营销。原生类营销是利用直播的多维度展示空间及场景化播放效果，提高用户对产品的理解，为用户创造真实化、实时性的体验效果。

③服务类营销。服务类营销是结合直播实时性的特点，主播个人以及团队到企业活动现场等提供直播服务，突破地域限制，运用直播方式将线下运营活动向线上推广的营销服务。

服务类直播营销最为典型的就是发布会直播。例如2016年7月27日，小米红米Pro、小米笔记本Air新品发布会以直播作为一种连接线下与线上的营销手段，吸引了大批粉丝围观。除此之外，还邀请了各路KOL、网红主播以及小米代言人刘诗诗、吴秀波、刘浩然三位明星前来，让这场直播营销做得别开生面。在直播的过程中，一度因为观看人数过多，导致信号出现中断的情况，引起了网友的自发讨论，给小米红米Pro、小米笔记本Air带来了更大的曝光量和讨论量。小米能够成功吸引大批粉丝的关注和讨论，说明小米此次的发布会直播营销已经取得了成功。但是这样的成功是与前期精心策划以及传播渠道的选择有密不可分的关系的。另外，一方面要求明星参与是为了获得强有力的曝光量，另一方面网红做直播使得发布会更加接地气，双管齐下能够将直播内容更好地传达到目标受众，并与其形成互动。正是如此，小米借助直播营销方式才能使得小米产品的曝光效果达到了非一般的量级。

5.直播内容纵深发展，UGC逐渐被PGC替代

在Web2.0时代，个性化成为时代的要求。以此，视频直播UGC诞生，所谓UGC（User-generated Content）其实就是用户产生内容，它并不代表某一种具体的业务，仅仅是用户使用互联网的一种全新方式，是原来的以下载为主变为了下载和上传并重的一种形式，因此在这种情况下，网络用户既是网络内容的浏览者，也是网络内容的创造者。视屏直播UGC就是网络用户将自己的原创内容通过互联网平台向其他用户进行展示。

然而，进入Web3.0时代，内容上传和下载活动越来越多，人们已经开始厌倦这种重复而没有实质性内容的活动，因此直播内容也随着时代的演进，需要更低的参与门槛与更高的回馈才能让更多的用户愿意投入自己的时间。这样，以往用UGC一呼百应的方式已经使得品牌活动面临严重的阻碍。在这种情况下，一种全新的视频直播内容产生形式PGC诞生了。

PGC（Professionally-generated Content），即专业产生内容。与UGC相比，PGC更具优势，它从根本上对内容的生产者进行了筛选，从而有效保

证了内容的优质性特点。如果把内容看做是商品，UGC就好比是参差不齐的大杂货店出来的商品，而PGC就是从精品品牌店出来的商品。这就是因为PGC出来的商品是经过专业人士倾情、精心打造的商品，能够通过其内在的品质吸引更多用户的关注。同样，视频直播也是这个道理。通过优质专业团队打造的直播内容可以有效保证粉丝的获取量，也只有这样才能保证直播运营可以持续进行。可以说，PGC引领直播未来发展方向。

可以预见，直播作为最初的社交工具，将会在未来的技术层面、互动层面做出更多的尝试，同时也会给品牌产品的营销带来巨大的商机。因此，直播作为一种社交视频化方式还具有很大的营销潜力等待我们去挖掘。直播无疑是社交领域的下一个风口。

IP时代，企业和个人搭载全民直播顺风车

2016年被称为是直播经济元年，甚至有“无直播，不传播”这样的说法在营销领域广为流传。直播能够不凭借大明星的明星效应，即便是仅仅凭借自己的互动、才艺等的素人都能实现直播传播，都能够让一个低关注度品类成为高热门话题。尤其是在当前这个IP时代，直播和商业在高价值IP的基础上相结合，形成了一个具有新高度的创新营销方式，使得企业和个人搭载全民直播的顺风车一路狂奔。

2016年，年初，一位1987年出生的姑娘用了半年时间，凭借自己推出的34个视频，仅4个月的时间里就圈粉1000万。借助开放平台微博的作用，在半年时间里，累计播放量达到了3.8亿次。之后成功获得了真格基金、罗辑思维、光源资本和星图资本1200万的联合注资，估值达到3个亿。在2016年4月，丽人丽妆以2200万元的天价拍下了她仅仅不到6分钟的视频广告，被打造为新媒体第一个标王。这个姑娘就是Papi酱。

2016年是全面移动化和泛娱乐化的一年。欢聚时代斥资10亿砸向虎牙和ME直播，用1亿元签下了主播Miss；腾讯耗资4亿投资斗鱼，使得斗鱼估值上升为10亿美元；映客获得了昆仑万维、复赛等机构高达8000万人民币的投资；栖身于阿里巴巴环保的陌陌也主推直播视频社交，并将这一功能放在最重要的位置；易直播获得6000万元A轮投资；360也不甘落后，推出了花椒直播；美拍也推出直播功能……

不仅如此，各个从业者也在内容生产上砸巨资：赵本山的“赵家班”弟子纷纷在映客上活跃；《中国新歌声》（原名《中国好声音》）的不少学员聚集到花椒直播平台；美拍与张兴艺、范冰冰合作；熊猫TV签约Angelababy当主播……

当前无论是素人还是明星、企业巨头，都在玩直播，使得当前这个时代进入了全民直播的时代。但是如果在这个直播火热发展的时代，仅仅凭借高颜值作秀就想吸引人们对于品牌的关注和参与，这就会使商品与商业或者品牌传播离得有点远。因为随着互联网技术的不断发展，在线直播仅仅靠颜值已经给大众造成深度审美疲劳，加之不合法的直播方式也受到政策的管制，没有实质性内容积累的直播用户黏度明显不足，这样的直播就很难继续下去。

要知道，当直播已经不再是一个纯粹的个人秀平台的时候，要想将商品与品牌相结合，我们就得考虑一个问题：如何进行品牌价值的传递？然而，要想让品牌产生价值，首先就得让品牌内容有价值，即品牌IP有价值。

品牌IP产生价值的方法

1.持续的内容生产力做后盾

要想成功并持续地占据大众吸引力，就需要明白如何与广大受众进行有效沟通，并且通过沟通明白大众所关注的重点内容和方向，进而制造出具有高识别性的话题和词语。能够做到这些，首先就要有持续的内容生产力做后盾。

网红主播一般都是能够通过直播平台引起受众共鸣的“信息汇总人”，即便是他们的话题和观点并不是专业化的、高端化的，但是却能够接地气，引起很多人的共鸣；虽然他们对事物的评价并不是全新的观点和看法，但都是汇集了网络中最为出彩的“态度”。因此，为了让其内容能够抓住广大受众的心，很多时候，他们的观点和看法都是“取之于民”，即在前沿受众或大型活动中进行延伸而获得的高质量内容。

2.专业化运作

作为一个可以持续不断生产优质内容的网红主播，其本身就是一个品牌，一个IP，其巨大的影响力足以吸引更多的人前来投资。但是与自媒体融资有所不同，投资人或投资机构所投的是主播这个人，除企业主播之外，在投资过程中往往会承担较大的风险。

我们这里还以Papi酱为例。Papi酱是首位获得千万融资的网红，为了保证PGC生产的稳定性，当其获得融资之后就立即选择了从单枪匹马的个体模式走向团队奋斗的模式。其实，一个具备鲜明个性和文化素质的网红，只要给自己做好清晰的定位以及能够生产出富有高辨识度的内容，只要用心便可以在一段时间内让自己在直播领域火爆起来，甚至可以将自己的IP营销出去。

的确，当前仅凭借一己之力是很难在这个竞争激烈的市场空间中存活的，这种单打独斗的模式已经无法再适应用户经营的发展需求。只有在团队合作的基础上，借助专业化的群策群力才能获得更高黏度的PGC。以下是部分直播网红进行公司化、品牌化发展的情况表：

部分直播网红进行公司化、品牌化发展的情况表

网红名称	内容类型	公司/品牌	成立时间	融资情况
Papi酱	搞笑类	Papitube视频内容平台	2016	2016年3月，获得真格资金、罗辑思维、光源资本和星图资本的联合1200万元投资
二更	原创类	二更网络科技有限公司	2015	2016年3月，获得基石资本、真格资金的5000万元A轮融资
同道大叔	星座漫画类	同道大叔文化传播有限公司	2014	2016年2月，旗下子公司获得3000万元A轮融资
日食记	美食类	上海罐头场文化传播有限公司	2014	2015年12月完成千万级A轮融资
罗辑思维	知识型	北京思维造物信息科技有限公司	2014	2015年10月完成B轮融资，估值13.2亿元
王尼玛	暴走漫画类	暴走漫画	2012	2013年1月获得创新工场数千万元B轮投资，2014年9月获得上海永宣联创、创新工场数千万C轮投资
艾克里里	自黑类	上海借智文化创意有限公司（与飞博共创合资成立，网红持股70%）	2016	——
穆亚斓	搞笑类	厦门穆雅斓文化创意有限公司（与飞博共创合资成立，网红持股70%）	2016	——
苑子文	日常生活类	护肤品牌“源本初见”	2012	——
吴大伟	日常生活类	护肤品牌“朴尔因子”	2013	——
爱啃梨的星际碎片	日常生活类	美妆品牌“科恩世家”	2013	——
Fishdo	穿搭时尚类	设计品牌“FISHDO”	2015	——

3.多元的营收模式

很多人认为艺人喜欢批量打造，网红不喜欢批量打造，但是艺人是由

经纪公司为其精心设计形象的，以最好的形象通过电影、电视、综艺节目等方式呈现在大众面前。但是网红仅仅借助于粉丝进行互动的形式来提升自己在粉丝心中的形象，这种表现形式较艺人来讲是非常单一的。因此，为了能够将自己的形象更加高大上化，不少网红选择了出书、开淘宝店等多种方式。

例如知名的网红呛口小辣椒，为了进一步提升在大众心中的形象，也做了转型。呛口小辣椒刚开始的时候是在博客上发布年轻女孩比较喜欢的服饰穿搭视频，并且凭借这种方式吸引了很多粉丝前来围观。之后便跻身主流时尚媒体领域，成为了时尚达人，并且创建了服装品牌。但是呛口小辣椒认识到，当前走这种服饰穿搭路线成为网红已经是一种普遍现象，已经没有特别的、个性化、专业化的东西能够吸引更多粉丝的关注，并且对于未来的发展前景也有一定的限制性。而转型之后通过创建服装品牌使得自己获得了一定的PGC，这样就很好地弥补了之前专业化、个性化内容缺乏的缺陷。

随着互联网技术和移动智能设备以及各种直播App的不断出现，全民进入了直播时代，这也在一定程度上刷新了以往信息传播的形式和渠道，是一次行业的大洗牌，同时也是一种新型文明的开始。不论是个人还是企业，都已经意识到，为了一味的“红”而继续走老套路线已经很难继续“红”下去了，没有长期“红”下去的决心和行动，显然是行不通的。也正是因此，这种多元的营收模式成为当前网红搭乘“直播+IP”顺风车的重要竞争模式。

直播IP化成电商平台新标配

2016年，电商领域发生了巨大的变化，有低潮衰退，如号称“国内最大的海淘电商”的蜜淘宣告倒闭；也有高歌猛进，如京东将“亏损王”帽子戴了12年之久，直到2016年第二季度才开始走上盈利的道路。但是无论如何，我们从整体上看，不难发现电商依旧是时代的风口，总会有各种新机会不断涌来，谁能在电商发展的道路上抓住新机会，谁就能成为电商竞争中的胜利者。

6年前，人人都在玩微博；3年前，人人都在玩微信；然而时至今日，几乎人人都在玩直播。即便是电商行业也是如此，因此，“直播+IP+电商”成为了当前电商业发展的新模式，而直播IP化成为了电商平台的新标配。

2016年，阿里巴巴成为“直播+IP+电商”模式下最为活跃的一份子。2016年5月，阿里巴巴旗下的阿里旅行开始初次尝试直播，这使得阿里旅行借助阿里巴巴这棵大树将直播纳入了自己的发展战略路线，并且还计划在未来尝试更多形式的直播，从而把旅行直播向IP化和日常化两个方向做进一步推进。

在实施这一战略的过程中，阿里旅行仅仅在将近一个月的时间内就尝试了大大小小的超过30场的直播，并且地点遍布全球，如美国、法国、日本、泰国、香港等。

2016年6月16日，在上海迪士尼开园之际，阿里旅行请来了当前现象级网络节目《奇葩说》的明星姜思达做游园体验直播。6月18日，在父亲节前夕，阿里旅行在珠海长隆海洋王国，隔着水族馆的玻璃，直播湖南卫视主持人、人称“村长”的李锐，背着氧气罐在水中与鲨鱼共舞。6月22日，阿里旅行与曾经拍摄过《跑男》《极限挑战》的方特游乐园进行战略签约，阿里旅行总裁李少华和方特游乐园刘道强与动画人物“熊大、熊二、光头强”在签约线上拿起自拍杆做起了直播。在“7天圆梦直播”中，阿里旅行又一次将自己的直播镜头对准了美国硅谷科技巨头的办公园区、法国的地下酒庄和公路自驾、日本大阪的巨型摩天轮，让人们了解这些景点给用户带来的超级体验。

阿里旅行的这些场景直播不仅在形式上进行多样化尝试，同时也在内容上进行了多方摸索，其目的就是为了能够找到最适合其做旅游电商的直播“姿势”。

作为巨头的阿里巴巴已经注意并开始尝试“直播+IP+电商”的创新模式，同时也作为时代的领头人，将这种模式带入电商运营中，成为引领电商新时代的一种创新模式。在阿里巴巴的带领下，各大传统电商人和自媒体人打破了原有的那种直播只是靠颜值才能火爆的思维，也纷纷对内容电商有了更多的了解和认识，直播对电商的推动作用更加明显。随着淘宝直播的上线，像小米、途牛、华为等知名品牌和平台也纷纷邀请直播主播前来助阵产品发布会，因此，直播逐渐从最初的草莽时代进入了商业化时代，这种转变也为电商的发展注入了新鲜的血液。

与传统的电台、电视台直播相比，电商直播则借助微信公众号、短信、社区留言等方式在很大程度上提升了互动性，也使得这种互动更好地匹配到了用户个人。另外，通过电商平台邀请嘉宾、艺人等参与直播节目，在移动互联网和移动智能设备高速发展的今天也是非常具有可行性和易实现性的。

2016年6月，美宝莲邀请知名明星Angelababy以及50名网红进行同步直播，结果在短短的2小时内就卖出了10 000支口红，创下了时间段销售记录。美宝莲的这种营销方式直接使得“直播+明星IP+电商”模式在电商领域中成为一种潮流、一种高效营销模式。于是各大电商平台和品牌纷纷套用这种模式，以期获得最大的经济收益：蘑菇街斥3亿巨资扶持旗下艺人；网易考拉海购将这种直播IP化运营模式奉行为2016年三大战略之一；亚马逊更是不甘示弱，量身打造《时尚密码现场》直播类节目。

事实上，这种“直播+IP+电商”的模式之所以如此火爆，关键是它直接戳中了传统电商的三个痛点，这也是凭借这种模式让电商企业拓展发展渠道的战略能够快速变现的真正原因：

“直播+IP+电商”的模式戳中传统电商的三个痛点

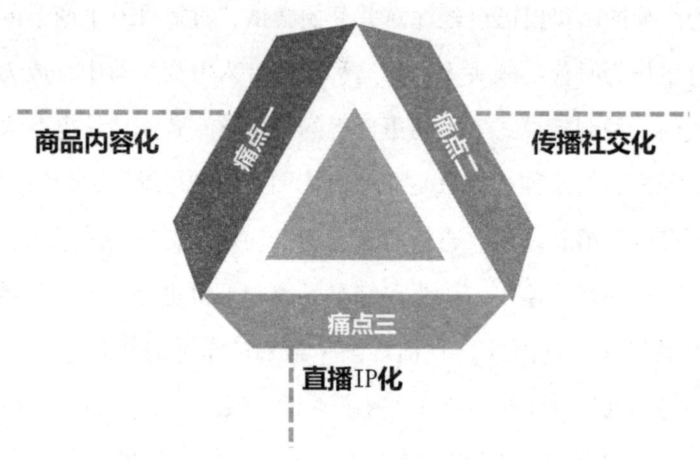

1.商品内容化

传统电商在售卖商品的时候，往往从商品的包装、使用、性能等方面向用户进行信息传递，这是一种被动的方式，用户通过需求点击商品的详情页，然后通过详细的对比和深思熟路的判断之后才实现向购买的转化，但是从浏览商品到决定购买，这中间是由多个因素决定的，更多的电商希望能够将用户的决策和消费需求进行前置，这样就可以更好地为用户提供购买方案，这实际上是一种内容输出。

然而，直播正好是产生内容的最好载体，不但具有强烈的真实感，还能通过互动的方式让卖家与用户之间的距离拉得更近，用户可以更加直观地看到与产品质量、功能、使用方法有关的现场讲解和体验，这是传统电商所无法做到的。

2.传播社交化

购物本身就是一种内在含有很强社交性的交易行为，需要人与人之间的互动和沟通。目标消费者通常在各个平台上是分散化、碎片化的，但是通过社交化网络就很容易找到兴趣相投的人，这些人通常是专业达人、意见领袖，用户很容易会受到这些人的影响，同时用户还可以借助这些人所提供的相关文章、视频等有效解决内心对于产品质量、性能、操作方法等方面产生的困惑。所以这种模式下，电商会在内容、产品的分享上，更具社会化，鼓励更多用户分享，同时也培养了很多用户成了产品达人，进而借助微信、微博等社交平台，进行连接和分享，这样的互动方式往往最容易形成强关系，可以有效提升销售转化率。这也是传统电商所无法实现的。

3.直播IP化

直播IP化是创新电商营销模式中的最佳利器，它使得品牌更具价值，同时也是在传统电商的单一卖货形式的基础上进行了进一步延伸，使得消费者转化为了更具黏性的粉丝，从最初的“卖产品”转变为“玩内容”，但是这一切都是建立在用户需求的基础上的，通过这样的转化和升级之后，用户不仅获得了知识，更重要的是能够短时间内快速买到自己需要的产品。

因此，可以说直播IP化电商的最终落脚点是产品，当前和未来，“直播+电商”必然成为移动互联网时代的一种发展趋势，可以更好地为产品和内容所用。当产品以及内容达到足够优质的时候，利用直播平台和网红、明星的推广渠道对产品和品牌进行推广和宣传，这对于品牌内容的传播来讲更是锦上添花、水到渠成的事情。

也正是基于以上三个方面的原因，使得直播IP化成为了电商平台新标配，成为各电商平台争相布局的焦点。当然，这种创新电商营销模式针对的用户都是能够快速接受新鲜事物、更具潮流特点的年轻用户群体，而这一群体恰好是电商消费者中的主力军，这也正是直播IP化电商能够更具发展活力的内在因素。

后直播时代，明星进军直播IP

2016年是网络直播的元年，由于网络直播平台的兴起，不少才貌双全的主播们涌入直播平台，从而造就了一大批直播网红的诞生。但是，进入后直播时代，一味的同质化内容并不能满足大众的胃口，而明星进军直播IP，却为网络直播平台注入了新鲜血液，重新吊起了大众的兴趣和关注热度。在这个"直播+IP"处于风口浪尖的时刻，不仅投资方纷纷涌入，明星们也不愿错过大好时机，选择投身于"直播+IP"的投资热潮中。

黄晓明不但是娱乐圈的知名艺人，同时也是娱乐圈的知名投资人。2016年7月，黄晓明投资了主营直播综艺频道制作和发行的明明娱乐，主要是以直播综艺节目的制作和发行为主营业务，将深度挖掘直播内容的IP价值作为主要营销目的，与关爱八卦成长协会、时尚芭莎、美刻体育、乐视、咸蛋家等形成深度战略合作伙伴关系，共同联手挖掘原创内容的IP价值，并整合各合作伙伴的资源优势，打通IP挖掘、内容制作、营销推广、内容设计等各个环节，从而实现资源的共享。另外，明明娱乐还与多家平台进行资源互换，在社交、投资、探索、娱乐等领域都有涉及，通过这种资源互通的方式来加强对粉丝的吸引力度。2016年8月，明明娱乐陆续推出了《端午和妞妞的日常》《里约大冒险》《关爱司机成长协会》等节目。在与微博大V回忆专用小马甲合作的《端午和妞妞的日常》上线后，首日直播在观看高峰时，观看人数达到了将近400万。当小马甲的爱宠妞妞和端午露面进行第二次直播时，观看直播的观众人数破600万。然而，这些庞大的直播观看规模表明，黄晓明打造的明明娱乐携手网红回忆专用小马甲共同开发的直播综艺IP获得了成功。

然而，黄晓明只是涌入明星直播浪潮中的一员。另外，明星直接开直播，更是一种跨界的“直播+IP”模式，是一种根据直播的即时性特点对IP进行的一次升级。当前，明星进军直播IP的主要表现形式有三种：

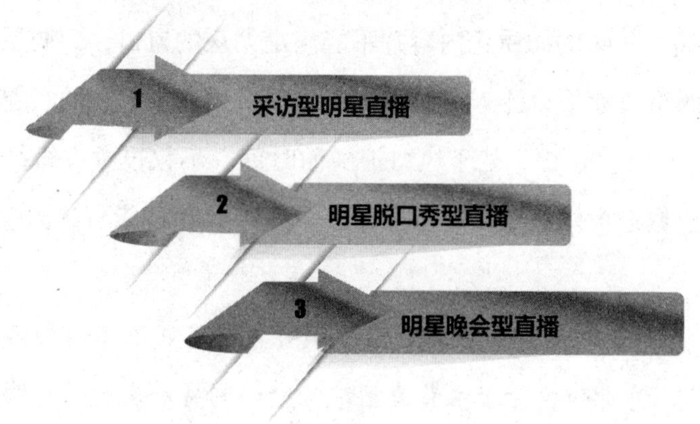

1.采访型明星直播

这种明星直播方式实际其中的明星IP并不是主动入驻的。

如在2016年里约奥运会上各大平台，包括YY、一直播等通过多次直播的形式采访体育明星傅园慧。在2016年8月8日里约奥运会上，对仰泳健将傅园慧的一分钟的采访直播中，傅园慧以其“洪荒之力”和魔性十足的表情持续刷红各大网站，也由此使其粉丝人数呈爆棚趋势。傅园慧通过这次采访型直播方式使得粉丝爆棚，表明她已经在一定程度上凭借自己特有的表情即IP，获得了大批粉丝的关注。但是由于她最初并不是主动进军直播

IP的，而是通过直播采访带入的，因此，傅园慧此次作为明星进行的直播就是采访型明星直播。

从傅园慧这位体育明星来看，我们不难发现，这种采访型明星直播的优点是容易形成偶发性爆点，形成直播资讯的强大传播性，资金投入并不高，甚至是零成本。但是同样也存在一定的缺点，即此采访型明星直播的名人IP往往不固定，并且内容质量难以很好地保持。

2.明星脱口秀型直播

明星脱口秀型直播是明星主动入驻的，这种类型下的直播往往是明星进行原创IP的生产。

台湾知名歌手费玉清就是一个典型的例子。费玉清除了唱歌之外还喜欢讲段子。因此，他加盟了SMG互联网节目中心和优酷联合推出的直播节目《小哥喂喂喂》，从而化身“知心暖大叔”，专为来电的网友解答情感问题。

这种直播方式是明星入驻直播平台所采取的主流方式，与之前网红主播的才艺展示相类似，但是不同的地方就是自带明星光环，即自带明星IP。该方式的优点就是能够借助直播平台与用户进行互动，可以让用户更加容易地走进明星的真实世界，让用户和粉丝更多地了解到明星的日常生活和内心情感。

3.明星晚会型直播

明星晚会型直播仅仅通过向观众展示才艺是远远不够的，还需要更多的进阶内容才能真正吸引观众。因此，不少直播平台开始模仿早前的在线视频举办的O2O演唱会方式，通过晚会的形式聚集众多明星表演和展现自己的才艺。这种类型的直播方式实际上与综艺晚会相差无几。

但是这种直播方式很明显是在没有彩排的情况下就进行直播，因此可以被看做是一种“明星开会”式的直播方式。另一方面，由于明星是通过大型活动召集而来的，因此不能将其变为一种日常行为，因此站在直播平台角度来讲，不具备持续的爆发力。

能够拥有持续的爆发力，还得通过强策划和强执行力才能增加直播IP的价值。当前直播领域常采用两种方式来提升自我爆发力，且这两种方式与那些打开镜头就直播的“快餐模式”在风格上还是有很大区别的。

第一种：聚合性，制造头部精品。

例如，2015年战旗TV打造的一档电竞真人秀娱乐节目《Lying Man》的直播秀，该节目是将垂直化的电子竞技和各种综艺明星融合在一起，从而形成了一种强烈的二次元风格的明星综艺，涵盖了娱乐、体育等多个直播类节目。截至2016年底，这一直播节目已经播出了五季，第六季已经在酝酿当中，目前已经积累了6000多万收视量。

该方式其实走的是一种用流水作业的明星IP打造一个铁打的栏目IP路线，在某种程度上借鉴了卫视综艺节目的模式。这种方式可以达到积少成多的效果，同时还需要大量的资金和精准策划做后盾，才能保证持续运营，因此通常情况下这种方式更加适合于直播平台用以确立品牌的精品栏目的设定，从而形成个位数的头部力量来吸引广大观众，进而达到增加流量的目的。这种方式是当前很多直播平台所钟爱的直播方式。因为这种方式一旦应用成功，便会形成一个长时间的爆发力和强用户黏性。

但是，事物总是好坏参半的。缺点是在打造的过程中比较耗时，并且对明星IP的个体能力释放也有一定的压制性，更容易让受众形成审美疲劳。

第二种：散打型，创造长尾栏目。

这种方式受到众多明星的喜爱。如2016年9月18日，创作才女曾轶可在一直播向广大粉丝分享向京艺术展“明天的派对”；19日，演员钟丽缇在一直播庆祝生日时，融入了京剧元素，并邀请所有嘉宾穿戏服出场，上演了一场十足的角色扮演真人秀；21日，TFBOYS成员王俊凯在自己的生日会上，通过个唱、合唱以及舞蹈来吸引广大粉丝的眼球……

这些直播虽然看似是一种日常生活的演绎，但从内在上看实际上是做过精心策划和包装的。其实，这种直播方式本质上就是对直播平台的策划力和执行力进行考验的。这种散打型明星直播，最大的优点在于能够充分发挥明星IP的能量，其受众广泛，覆盖力强，并且在车轮战术下依然能够通过不同的话题给广大受众带来新鲜感。同时，由于是散打型直播，因此，花费较小，并且船小好调头，非常适合互联网下的迭代思维，走快速迭代路线。

其缺点就是如果策划和执行不到位的话，就会让整个直播都搞砸。

在后直播时代，更多的明星喜欢散打型直播方式。明星进军直播IP的现象表明，直播领域野蛮生长期已到尾声。伴随着国家监管行业的升级和资本的降温，直播行业会迎来新一轮变局。

直播+虚拟IP，视频直播系统新科技

2016年，网络直播红透了半边天，各大巨头、个人等都纷纷入局分羹。与此同时，国内视频行业巨头也争相进入网络直播，拼杀正盛。在当前这种网络直播已经火得一塌糊涂、网络直播已经进入全民化时代的背景下，人人皆可成为主播。

2016年9月22日，全球领先的移动互联网第三方数据挖掘和分析机构权威艾媒咨询发布的《2016年上半年中国在线直播市场研究报告》中的数据显示，截至2016年6月，在线直播用户实现了爆发式增长，网络直播用户数量达到3.25亿人，占全网民总体的45.8%，未来数年内也将呈现持续走高的趋势。

网络直播的发展之所以能在2016年突飞猛进，关键是因为网络直播能够迎合当前大众文化的需求，同时网络直播也是这种迎合下出现的必然产物：

（1）大众需求：大众的围观心理得到了充分的满足。

（2）商业驱动：内容IP的商业价值开始凸显，已经出现了多种快速变现方式。

（3）社会驱动：现代环境下，泛娱乐、内容多元化快餐式消费、去中心化、人格化凸显，驱动了直播的诞生。

（4）技术驱动：6.56亿手机网民、智能手机的普及、智能手机高清

摄像头的标配，4G/Wi-fi网络的高速连接，使直播随时随地想播就播，想看就看。

然而，随着直播的出现，赋予了人们全新的表达方式、资讯获取能力和连接习惯，同时也使得人与人之间的关系实现了由弱到强的连接，这种连接的关键还是需要技术驱动的。有技术驱动才能保证网络直播更具创新性，才能保证网络直播更具活力和新鲜度。“直播+虚拟IP”，就是视频直播系统新科技下诞生的一种创新直播模式。

2016年10月22日，IP虚拟卡通形象“唐唐”在映客平台上进行直播，吸引了22万人前来围观，获得了7万映票。“唐唐”本是Big笑工坊旗下的虚拟卡通主持人，其形象是以唐僧为模板的，因此名为“唐唐”。“唐唐”卡通形象进行直播是在直播行业的首次尝试。事实上，在2016年1月19日就已经出现过二次元虚拟人物——“初音未来”，其在2016年中国演唱会上海站的申请也已经获得审批。无论是“唐唐”还是“初音未来”，没有任何真人亮相，仅仅凭借声音和卡通人物或二次元人物以及优质的IP来吸引广大受众，两者其实都是视频直播系统新科技下的产物，并且都是在先具备一定粉丝的基础上，然后再进行巡回演出或线上直播。

众所周知，直播的核心竞争力在于内容，而产品和技术只是引导内容能够更好传递给受众的一个重要工具。好马还需配好鞍，在当前直播内容同质化的时代，如果想让内容能够真正通过出彩的差异化吸引更多的观众，就得通过产品和技术创新的进一步推动才能实现。而“直播+虚拟IP”就是一种极佳的搭档模式，并且可能成为未来直播的蓝海。主要是因为：

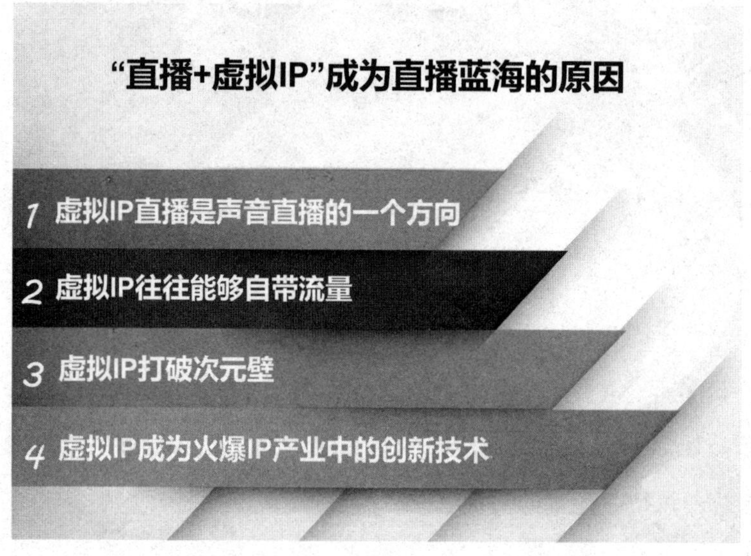

1.虚拟IP直播是声音直播的一个方向

虚拟IP直播需要借助两条腿走路：虚拟形象+虚拟形象背后的声音，而虚拟IP直播是当前和未来声音直播的一个方向：

一方面，“未见其人，先闻其声”，仅仅凭借独特的声音就能先入为主地抓住受众的听觉，才会让受众进一步产生满足好奇心需求的欲望，进而愿意静下心来了解声音直播背后的内容，这就是声音直播的好处。当然所有的这一切还需要建立在优质的内容基础上才能赢得大批受众的持续围观。

另一方面，对于内容的生产者来讲，语音直播对环境几乎没有什么要求，对于那些不喜欢露脸的主播来讲，是最合适不过的直播方式。因此，这种语音直播方式比视频直播门槛更低。对于内容的消费者来讲，在听声音直播的同时还可以做其他事情，如开车、做家务等。

当然Big笑工坊的“唐唐”主播能够通过PGC赢得广大受众的欢迎，是与其背后的声音密不可分的，甚至可以说其声音已经自成IP。

2.虚拟IP往往能够自带流量

“唐唐”虚拟直播能够获得单场次22万的观看量，除了映客给提供了平台之外，更重要的是“唐唐”是以唐僧形象为原型打造的一个知名虚拟网红，这个卡通人物被人格化之后，再加上独特的配音，就必然自带粉丝。这一点从Big笑工坊在2016年8月份新媒体排行榜“全平台PGC视频排行榜”中以累计粉丝数量1600万的数字取得排行第一的成绩中就能看出，就是一个最好的印证。

3.虚拟IP打破次元壁，带动了“直播+动漫”产业的发展

当前，我国的动漫产业正处于一个从幼稚期向成长期转变的过程。据相关调查数据显示，2015年我国核心二次元用户的数量达到了5939万人，二次元用户总人数接近2.19亿，我国动漫的主要受众群体集中在90后和00后，占总人数的62.9%。2015年，我国ACG人均消费已经超过1700元，未来二次元市场规模至少增长到150亿元。

这些数据表明，巨大的受众数量已经成为我国动漫产业持续发展的内生动力。然而，当前虚拟IP直播的发展本身就是在一定规模的次元用户的推动下实现的，可以说次元用户在一定程度上为直播虚拟IP产生和发展提供了契机。另外，直播行业本身就内涵跨界结合的特点，如直播+电商、直播+音乐等，而直播+动漫在虚拟IP的作用下打破了次元壁垒，实现了完美结合。因此，动漫、直播、虚拟IP之间的关系是相辅相成的。而直播平台也正是抓住了动漫和次元用户的同时，还从ACG中分得一杯羹。

4.虚拟IP成为火爆IP产业中的创新技术

在此之前，由于技术短板，使得虚拟IP没有在直播平台上发挥其价值。然而现在，随着创新技术的不断出现，如appMagics混合现实仿真融合和交互控制技术，可以使真人的表情和动作实现虚拟化，这与虚拟IP相结合，生成影像内容，再从手机和VR设备上的直播平台输出，就给广大受众带来一种全新的直播内容和形式。

“唐唐”直播就是火爆IP产业中实现技术创新的产物。虽然“唐唐”直播在这种技术的应用方面还仅仅是初级阶段，但是已经向我们表明具备很强的实用性。“唐唐”的声优（即声音直播主播）的一颦一笑，如大笑、眨眼睛、挑眉、转动眼球、抓耳挠腮等动作以及表演唱歌，都能够在虚拟形象上体现出来，这就是虚拟IP在借助创新技术的力量下的一种对应的展现。

总而言之，“直播+虚拟IP”仅仅是视频直播系统借助新科技在IP产业链上的一个发展环节。相信，未来“直播+IP”在创新技术的作用下，还会出现更多的创新发展形式，这也是“直播+IP”的一种发展趋势。

04 第四章 个人化IP 拯救网络直播

在直播平台迅速崛起之后，各种疯狂的烧钱、违规播放、内容同质化等使整个直播行业蒙上了一层阴霾。这些问题在一定程度上制约了直播平台和直播领域的发展，更有可能会导致直播领域的“死亡”。但是，个人化IP的出现将成为一根救命稻草，拯救网络直播。

主播是IP个人化的特殊群体

直播的核心就是内容，而内容是由主播个人生产和提供的，基于此，使得直播平台与传统平台之间的差异就在于个人的IP化，并且数量巨大的个人可以实现IP化。在平台建设自己的个人形象并与粉丝之间进行实时沟通和互动，从而在直播平台将个人形象IP化，并进行快速变现，这是传统平台所不具备的能力。

其实，个人化IP并不是一个新兴事物，而是一直都存在的，并且其蕴含的巨大价值也早已被人们熟知。

批量生产个人化IP的机构有很多，如新东方生产了罗永浩、李笑笑、马薇薇等名师，央视生产了罗振宇的罗辑思维、王凯的凯叔讲故事等，这些人在IP生产机构逐渐成为IP之后，不但有媒体和资本追捧，而且也获得了广大粉丝的认可和青睐，在变现渠道和变现能力方面获得了极大的提升。

然而，在直播平台上，主播作为引导直播持续发展的主体，同时也是IP个人化的特殊群体，借助自己的优质个人IP资源，往往可以将直播从当前这个低门槛、同质化、违规的发展环境中拯救出来。

1.个人化IP提升直播门槛

现在大家都在讲互联网思维，其实，网红也应该有网红思维。作为网红，不能整天只盯着卖出产品，网红思维不是卖货思维。消费者之所以买账，正是冲着你这个品牌来的。如果仅仅是钱货两清、互不欠账，请问消费者凭什么要非买你的产品不可？以前中国产品生产不足，你只要能生产

个人化IP 在直播中的重要性

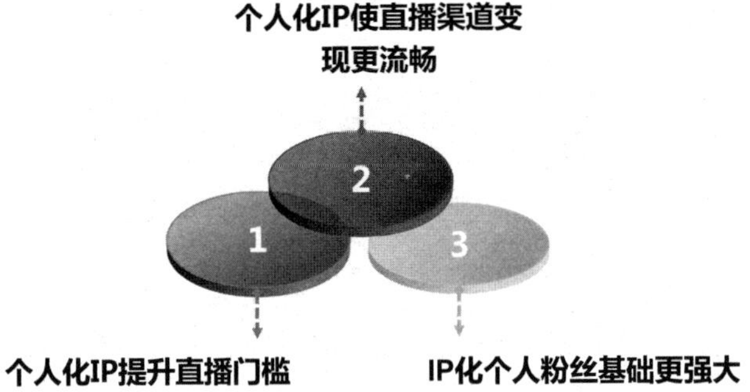

出实用的产品，大家都会来买；但后来，随着产能过剩，全世界所有顶级品牌都来我国贴牌生产，在供应充足的买方市场时代，用户可以买到很多廉价的东西。所以，网红要转变观念，将注意力集中在为用户提供产品附加价值上，这时候你会发现，情感价值已经慢慢渗透进品牌里了。然而，网红所具备的这种情感价值就是个人化IP。

直播平台本身不具备高门槛的特性，在早期，即便是没有高门槛的内容生产和专业的内容剪辑，那些网红主播也都可以信手拈来，实现随时随地直播。这种情况下势必会影响直播内容的优劣性，甚至严重阻碍整个直播领域的发展。但是，如果在直播中融入个人IP，那么便会产生截然不同的效果。

直播中融入个人IP就需要主播既有貌又有脑，且是具有专业化特点的内容生产者。其实，这个个人IP的打造本身是需要个人进行长时间专业知识的积累的。这样，即使不能被大圈子所熟知，在直播平台上仍然能够成为一个小圈子内有名气的达人，而这个达人并不一定非要貌美不可，更重要的其实还是具有能够代表粉丝、取得粉丝心理认同的个人IP。这样使得直播从最初的乱象中走出来，给人一种高大上的“气质感”。

对于粉丝而言，随着直播同质化越来越严重，以往那种重颜值的粉丝审美已经逐渐呈现疲劳状态。因此，他们已经不再将颜值作为热捧的焦点，而是回归内容，在他们看来，内容才更能体现出主播的特质，主播讲的内容是否与“我”感兴趣的方面相关联，才是受众围观的重点，这也是受众帮助主播上热榜的重要原因。

电竞第一主播Miss的相貌虽然不出众，甚至在直播的时间段翻出微博评论的每条信息，并直接显示在自己的直播界面，造成视频框套视频框的怪异风格，虽然这些让人感觉非常无聊，但是她却凭借自己的电竞技艺的加持，受到粉丝的狂热追捧。然而，主播的Miss正是凭借自己的个人IP，即电竞技艺，实现了自己影响力的提升。

这样，粉丝都去追捧那些具有个人化IP的直播，而那些内容空泛、同质化的主播直播必然会被逐渐淘汰，直播门槛自然而然就会有所提升。

2.个人化IP使直播渠道变现更流畅

直播和“作秀”之间天生存在着一种形影相随的关系，直播越来越接近于“作秀”，或者说直播成了“作秀”的基地和平台。在直播的过程中，用户或粉丝对主播的打赏方式就是一种快速的变现渠道，同时也是一种有效的互动、交互方式，通过获得打赏的情况进行评估，并以此判断主播的受欢迎程度。然而，通常情况下，那些具有个人化IP的主播往往拥有更加流畅的直播渠道变现能力。

我们之前也讲过，今日网红发布的《中国网络主播生态调查报告》显示：“45%的主播月收入在5000元以下，17%的主播月直播收入在5000~10 000元之间，超过三万元的主播人数占13%。”然而这些都是根据对大众直播主播统计所获得的数据，像Miss这样具有个人化IP的电竞第一主播，一场直播百万收入也不在话下。

3.IP化个人粉丝基础更强大

传统的个人化IP往往因为渠道本身缺乏与用户交流、互动的工具，而使得大部分IP化个人品牌建设没能够深入人心，因此所获得的粉丝基础也就相对薄弱。而直播平台却通过打赏机制让用户或粉丝与主播之间进行互动、通过获得加微信特权或者连麦的机会等方式拉近用户或粉丝与主播心与心之间的距离，然而这些打赏、加微信、连麦等方式无论对于用户或粉丝，还是对于主播来讲都是大有裨益的，但这些交互方式并不是重点，重点是能够通过这些方式将用户或粉丝套牢，以此来加强自己的粉丝基础。那些具有个人化IP的主播则通过这些方式能够获得更加强大的粉丝基础，而那些打造的千篇一律的IP必将失效，使得粉丝量跌落谷底。

因此，可以说，具有个人化IP的主播才能在直播领域获得长足发展，才能更好地拯救网络直播的可持续发展。

直播“个人化IP+社交扁平化”模式

究其本质，直播实际上是一种新兴的社交模式，真实的社会场景和沉浸式的社交体验则是人们打发无聊时光的重要需求。这也是支付宝下定决心要做社交而微信近期推出的小程序引发广泛热议的原因，事实上，这还是要归功于直播本质上做为社交平台所引发的裂变传播效应。而社交软件本身又按照使用人群、面向用户和产品特性等细分而出现各种不同的分支，这样许多产品在前期冷启动期间，把社交作为一个很好的需求切入点，往往能够在前期就可以借助社交优势而引发一大群用户的涌入。

当前，传统的直播市场已经进入一片红海期。在这个时期，原来的秀场直播、游戏直播正在原有的“老玩法”中寻求新出路，市场参与者也纷纷开始寻找新的蓝海，如电商、旅游、教育等方面都开始纷纷试水直播领域。这些现象都清晰地表明：视频直播正在从传统形式的娱乐阵地逐渐向更为广阔和实用的社会生产和生活方向转变。然而，无论直播在过去、当下和未来的发展走向如何，自始至终，“内容+社交扁平化”都是直播发展的内驱动力，这也是直播发展的根本立足点。

Twitter作为美国知名的社交网络平台，其旗下的Meerkat是一个快速崛起、以Twitter为中心的视频直播平台。自从Meerkat推出以后，受到了众多用户的喜爱。Meerkat的用户在观看直播的时候，也可以直接给主播发推文，并且推文的内容可以直接在主播的显示屏上显示，从而方便主播与观看者之间进行快速、实时的互动和讨论。美国知名女歌手、演员麦当娜选择通过Meerkat发布自己的最新MV《鬼镇》（Ghosttown）之后，在直播页面显示的数据让人感到非常震惊：每秒2000人前来围观，5分钟的时间已经获得了超过10万的流量，又没过几分钟，Meerkat就宕机了。

之后，Twitter为了发展壮大自己的直播产业链，收购了独立直播平台Periscope。无独有偶，Facebook和You Tube也都不甘落后，各自推出了自有直播产品Fcaebook live、You Tube Connect。因此，在国外，各大巨头在直播领域逐渐形成了巨头鼎立的格局。

然而，国外巨头鼎立的格局下包含的本质其实就是“内容+社交扁平化”。在当前这个人人都是自媒体的时代，尤其是草根人群，要想借助直播形式将自己“推销”给用户，吸引更多的流量，关键还得借助“内容+社交”的力量。

“内容+社交”直播的力量

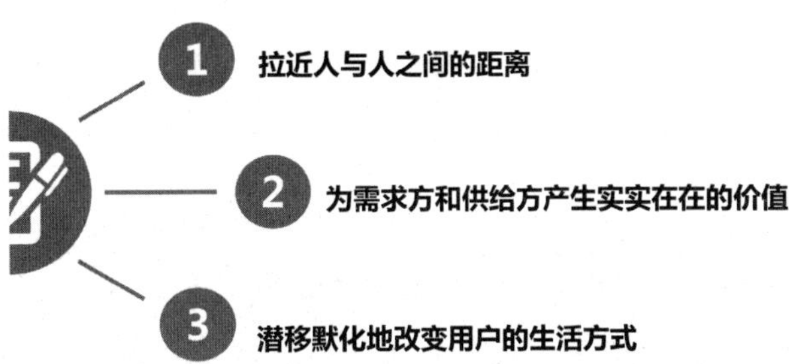

1.“内容+社交扁平化”直播是拉近人与人之间距离的有效方式

在经历微博、微信等社交软件更替，从晒文字到晒图片、再从晒语音到晒视频之后，“内容+社交扁平化”是当前科技发展的必然产物，同时也是能够通过实时化、扁平化、平等化、社交化、内容个人IP化满足用户需求的最佳互动方式，更是主播获取流量的最有效方式。不但有效拉近了人与人之间的距离，而且无论是对于用户还是主播来讲，都获得了“两全其美”的收获。也正是基于这个一点，才使得直播具有更加美好的发展前景。

2.“内容+社交扁平化”直播为需求方和供给方产生实实在在的价值

这种“内容+社交扁平化”模式也必将使直播形态长期处于市场热点状态。直播的这种社交场景无论对于服务的供应方（主播）还是需求方（用户、粉丝）来讲，都产生了实实在在的价值。换句话讲，就是创造了需求端的价值（实时快速的IP化内容传递、互动满足、情感认同），并且提升了供给端效率（实时高效的用户交互、付费结算）。拿游戏直播来讲，游戏直播之所以能够从早期的PC时代逐渐跨越到移动互联网时代，能够从最早的以魔兽为代表的电竞直播发展到LOL（游戏《英雄联盟》）的塔防游戏直播，其关键就在于“内容+社交扁平化”。之所以这么讲，是因为游戏直播能够生生不息地发展，是依托游戏产业的发展而成长起来的。游戏直播不断从赛事这一庞大的资源池中获取新鲜、优质的内容素材，同时还通过与观众之间的高效互动建立起一种扁平化的社交关系。

云模式美容养生理疗连锁生活馆，一个完全的实体门店却在“内容+社交扁平化”直播风口上二年引来巨大流量，全国连锁到处开花，就是典型例证。什么是云模式？云咖会自媒体联盟是一家用互联网思维经营的美容养生连锁实体店（免费、快速、互动），完全轻资产运作，将优质的产品、特色项目、优良的市场分配方案通过线上自媒体推广和线下体验的复合互动，达到本店迅速盈利，可迅速完成整店技术与运营方案的整体输出，已经成为国内美容养生行业成长与成功最快速的一种力量。他们有二十几个联合创始人，里面不乏有平面模特、钢琴冠军、瑜伽高手，在个个直播平台上通过才艺社交迅速吸收巨大流量，然后展示他们的产品与美容养生馆特色项目，再向粉丝们宣导他们的商业主张，非常快地吸引了一大批80后、90后有创业梦想的年轻人成为连锁店主。云咖会的联合创始人们多才多艺，不但会才艺社交，而且都是高级美容师和健康管理师，比如梁周老师、建怀、华仁、贵军、安妮、彩平、黄华、育兵以专业直播为主，还有先用才艺聚粉的琰阿妍、小禾禾、璐莺、谢伶、思凤、海滢、王珍等。这些人，并不是以获得金币或者小礼物作为目的，而是在直播里凭借才艺社交，与粉丝形成了良性互动，现场帮助粉丝们解决皮肤问题，并根据不同肤质为粉丝选择有针对性的护肤品，教会粉丝们如何管理好自己的健康。云咖会联合发起人中红哥、芸美人与小盼老师还是专业问题皮肤处理专家，甚至干起了直播教育，在线上直接直播办学，将这种免费模式使用得淋漓尽致。其实这比电商直播干得更为巧妙，让粉丝们有存在的价值感，而不是狂刷礼的冤大头，因为云咖会自媒体联盟不但是“社交+直播”的典范，也是“教育+直播”的经典案例。一方面，用户作为需求方，不但可以在直播平台上与那些美容师和健康管理师互动，而且可以从中获得有关皮肤问题的解决方案；对于云咖会自媒体联盟来讲，作为供给方，可以借助线上直播与线下两方面的互动形式，快速引流，实现迅速盈利。因此，可以说，云咖会自媒体联盟借助直播平台具有社交化功能的力量，在需求方和供给方之间产生了实实在在的价值。

3.“内容+社交扁平化”直播潜移默化地改变用户的生活方式

“内容+社交扁平化”直播商业模式上的想象空间在于对于依赖社交关系链的驱动，可以对上下游商业产业链进行有效整合，并能够从网红与明星资源中借力，带动广大粉丝和用户改变生活方式的同时，使得其他领域的商业挖掘与转变也会变得更加顺利，对于未来用户流量资产与资源的收割来讲，在未来形成巨大流量的可能性则会更大。

早在十年前，草根成名的最好方法就是参加选秀比赛，现在只要拿起手机，打开摄像头做个高质量的直播成名的概率都比前者高，并且经济效益和明星光环也比较高。可以说，在这个人人直播的时代，直播已经不能用娱乐来涵盖它内容IP传播的本质，而社交才是其内容IP得以传递的载体。用户已经将直播平台作为一个类似于朋友聚会交流的虚拟场所，将高兴的、烦心的事情向主播倾诉，同在一个直播频道的粉丝也前来为其出谋划策。同时直播平台还聚集了一批具有相同爱好和兴趣的粉丝，他们可能是某一方面、领域的“专家”或达人，可以边看直播，边与主播交流。这就是视频直播的魅力和价值所在，用户和主播之间进行实时交流，实际上就是一种视野的延伸，同时也是人与人之间关系扁平化、平等化的最佳体现。

陌陌作为一个移动社交平台，在2016年第三季度所做的财务报告显示，截至2016年第三季度，陌陌的净营收达到了1.57亿美元，同比增长319%。这也是陌陌连续七个季度持续增长。然而，在这一巨大的净营收额之下，另一组数据更让人震惊。与以往不同的是，本次财务报告中，陌陌的主营已经发生了巨大的变化，在陌陌财务版图中的三分天下中有其二是属于直播的，直播营收额接近1.1亿美元，占总营收额的69%，直播的付费用户数量已经上升到260万，环比增长100%。与映客、虎牙、YY这些直播平台相比较，陌陌作为直播领域的后来者，目前月活跃用户数量已经达到了1548万，仅次于YY和映客的2000万级别，直播付费用户达到了260万，高于虎牙直播110万付费用户数量，由此可以见陌陌直播作为一个基于移动社交的直播平台在直播领域中的风头正劲。

陌陌直播能够比直播行业的“专业户”获得更多的收益和粉丝数量，关键就在于其本身强烈的社交属性。也正是因此使得陌陌在涉足直播领域中能够获得四大优势：社交与直播自然契合；用户海量，获客成本低；付费习惯好，黏性强；场景丰富，变现手段多样化。陌陌直播的成功同时也验证了“内容+社交扁平化”正在成为一种吸引众多粉丝关注的全新模式，成为传统直播能够持续发展的高级形式。因此，优质的直播是需要建立在“优质的IP内容+优质的扁平化社交平台”基础上才能更好、更快的实现。

创新直播内容生产方式

传统的直播靠颜值，但是，随着直播领域的不断发展，内容干枯、无实用性的直播已经给广大受众带来了一种视觉疲劳，因此，在这个竞争激烈的时代，没有任何创新、不能成为经典的事物已经没有任何价值空间，因此也会逐渐被挤出"竞技台"，实现内容的创新将为直播领域重燃生机。

直播内容的创新，主要是直播内容生产方式的创新。直播在内容生产上比传统视频、文字平台更具优势，同时，直播的实时交互性使得内容生产能够更加契合用户的需求。

从内容生产上来看，直播改变了内容生产的方式。传统的内容生产模式是趋于精细化、标准化的流水线作业，其生产逻辑几乎如出一辙，通过个别角度拍摄并进行精心剪辑生产出来的看似是精品的作品，却不仅耗时长，而且难以根据市场的反馈进行优化，即便是在后期拍摄的过程中情节能够符合广大观众的需求，但是在实现过程中对于团队来讲也是极为困难的。这也是为何到目前为止，那种传统的边拍边播模式依然不能得到大范围推广的原因。

直播并不需要耗费大量时间，只需要一部手机或一台电脑即可进行内容的生产。直播内容本身就具有多样化特点，除了沿用传统平台的精细化内容生产方式以外，还借助旅行、脱口秀、技能展示等多种方式生产更加广泛的内容。在这个人人都可以是主播的时代，人人也都可以生产内容，这种具有自身独特优势的内容便是个人化IP。可以说，即便是小众的内容都可以在主播借助实时UGC模式下生产出来，即便是再小的个人化IP都能够获得直播平台上的粉丝的支持。

具体来讲，个人化IP的生产有以下几种方式：

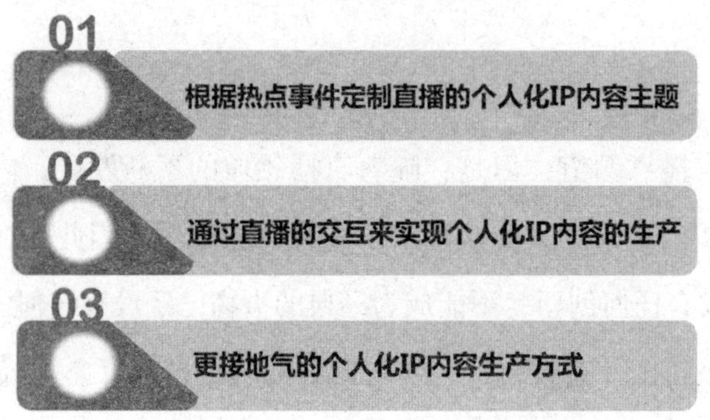

1.根据热点事件定制直播的个人化IP内容主题

在生产个人化IP的时候，主播可以根据热点事件定制内容主题，当发现相关紧急事件发生之后，主播可以在第一时间确定直播主题并进行内容输出，这样毋庸置疑加强了直播内容的实时性，同时也加快了个人化IP的传播速度。

2015年春节，在微信朋友圈和自媒体中最火热的词莫过于“马桶盖”，它几乎成了全社会各个阶层热议的焦点。从产业升级到民族情怀，从自媒体影响到传统媒体，从线上延伸到线下，“马桶盖”三个字已经成为网络营销中的一次狂欢。

“马桶盖”之所以在各大媒体平台上盛传，是因为吴晓波在其自媒体平台上发表了一则名为《吴晓波：去日本买只马桶盖》的文章，发表仅一天的时间，阅读量就已经达到了167.6万次。此次事件也使得“马桶盖”在网络媒体中持续发酵。历经2016年、2017年，马桶盖事件依然没有冷却，一波又一波的话题热引起了媒体一轮又一轮的关注。

2017年1月9日，京东便在智能马桶盖节当天，推出以“送家人一只认证好盖”为主题的活动。（“认证好盖”来源于2016年8月30日京东与中国电器科学研究院共同推出的首个智能马桶盖企业标准）。京东不但为消费者提供价格优惠的“认证好盖”，还在首届智能马桶盖节为广大消费者做起了现场直播，听吴晓波和京东集团副总裁、京东商城服饰家居事业部总裁辛利军、松下洁乐总经理无量等业界大咖谈论他们眼中的品质生活。该直播在京东时尚生活微信公众账号中进行推送。

2.通过直播的交互来实现个人化IP内容的生产

交互的增加使得个人化IP的生产更加符合用户的需求。直播不但加快了内容更迭和调整的频率，同时也在一定程度上实现了按需制定。主播可以根据自身特点寻找与其特点相关的受众，同时可以根据受众的意愿来制定相关直播内容，这样就使得其个人化IP的生产更加容易。当然，在直播过程中，主播与受众之间通过一问一答的交流，同样也可以生成个人化IP。这种方式下所产生的内容往往会在一定程度上脱离主播原有的规划，在主播与受众思想交融的时候，就会在多对多的方式中产生个人化IP。因而，每个参与的用户都可以看做是个人化IP生产的助力。

3.更接地气的个人化IP内容生产方式

很多时候，直播的内容并不是越专业越有价值，越能获得用户的青睐。要知道，通过临场表现产生的个人化IP更加接地气，这种情况下产生的个人化IP同样可以具有高价值。

JY和小智，两人都是游戏《英雄联盟》的知名直播解说员，JY的LOL解说技艺比小智高，但是小智的临场表现往往要比JY高，因此小智直播平台房间关注数达到了215万，微博粉丝数量达到了300万，而JY的微博粉丝数量为167万。这样就使得小智的身价高于JY50%，达到了1500万。

所以，在人人直播的时代，唯有创新直播内容生产方式，才能更好地建立个人化IP，从而吸引更多的用户并实现高效路转粉。这也是网络直播能够在当前内容同质化阶段获得持续生存的重要途径。

个人化IP提升直播变现速度

近期出现一个现象，那就是在很多发布会中都会发现主播出没的情况，坐在前排的一排网红们正在通过自己的手机向他们的粉丝直播发布会的情况。因此，在当前粉丝经济下，越来越多的企业将这种网红直播模式作为一种新兴营销方式，这样就使得网红主播的价值被最大化。

随着移动互联网的不断发展，在美国Meerkat的移动直播模式的带领下，国内的映客、花椒等平台的出现带动了我国直播领域的发展，使得全民直播的时代诞生了，而这种全民直播也逐渐从原来的低门槛作秀形式逐渐转向强调内容的多样化、个性化、碎片化。在这种情况下，直播平台之间的竞争越加激烈，不同定位相互厮杀，主播花心思想方设法地寻找一条能够快速让直播变现的方式。无论是对于个人还是企业，变现方式都是其实现成功营销的有效方式。

个人化IP提升直播变现的方式

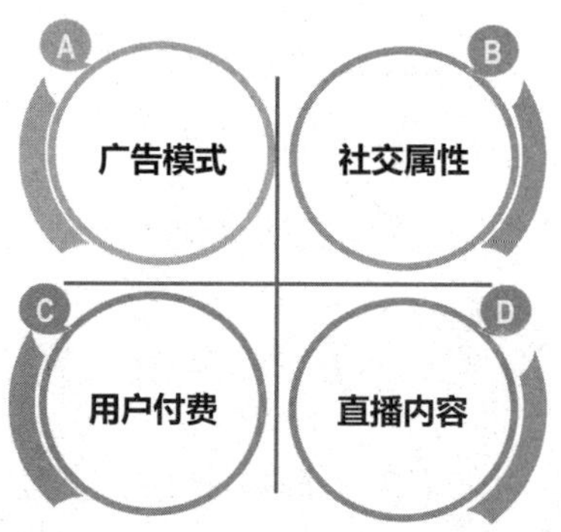

1.广告模式

回顾2016年的“双十一”，与往年相比其中呈现出稍许的不同性，那便是其中融入了VR等黑科技、将农村市场放在了产品销售的主要位置……这些都使得2016年的“双十一”带有一种立体感和全球性。但是其中最为显著的一点就是融入了直播元素。

天猫与直播平台映客强强联手，映客为天猫做了50场直播，并分享50亿天猫红包，这样映客为天猫做了很好的广告，而天猫则作为对映客的回报，支付了超过千万元的广告费。虽然这种强强联手互利互惠的合作形式比比皆是，但是此次天猫和映客平台的合作对于直播行业来讲确是最大的一笔广告单，对直播行业的发展来讲具有极大的推动作用。

的确，与传统的社交媒体、视频媒体、自媒体有所不同，直播将网红经济、粉丝经济、文娱IP以及二次元文化融为一体，从而能够有强吸引力。不仅传统明星发现这一点，借助直播平台提升自己的粉丝量，像天猫之类的电商平台也看到了其中蕴含的巨大商机。因此，电商与直播平台的合作就是一种全新的“电商+直播”的创新尝试。对于电商平台来讲，借助直播可以吸引广大用户的注意力，同时还可以凸显出其独特的广告优势。

直播对电商来讲十分重要，因此电商平台都开始向直播领域进军，电商与直播之间并不存在任何竞争，因此目前来看，两大领域的联手合作对于双方的发展来讲都是大有裨益的。2016年“双十一”天猫能够获得1207亿元的交易额再次刷新记录，表明天猫与映客的合作对于电商来讲可以起到很好的导流作用，这种直播为电商平台提供的全新广告模式对于电商的发展来讲具有非常重要的意义。

2.社交属性

直播平台的火爆，的确带来了前所未有的颠覆，其背后受到网红经济、粉丝经济、流量经济的影响和支撑成为一个新风口。但是从前面讲到的Meerkat和Periscope这两个直播平台来看，直播平台具有一定的社交属性。

这里的社交包括以下几个方面：

（1）主播与受众之间的互动。当用户发现自己可以通过互联网以及购买行为对屏幕内的主播提出某种要求或者获得个人映像认可时，这时主播与受众之间的购买行为便立即产生。

（2）受众与社区之间的互动。用户在某个主题下能够寻找到与自己的兴趣、爱好甚至是价值观相同的人群，并与他们形成互动，这样就给流量带来了一定的基础。

（3）受众与平台之间的互动。通过平台等级、积分、权限等，给予受众在群体中高度的认同感与自豪感。

对于直播而言，流量转化一直都是主播和直播平台所津津乐道的成就，但是直播本身的流量引入恰恰是平台最大的问题。直播产品本身并不带有聚流属性，但是直播背后的网络红人、市场炒作、平台合作确是良好的流量导入渠道，这样就让直播平台也拥有了一定的社交属性，进而激发出直播平台的流量潜力。因此，可以说社交属性可以帮助直播平台实现变现。

3.用户付费

当前，在直播平台上，用户可以在评论区进行留言互动、送礼物，同时还可以付费提问。这也是一种很好的直播变现形式。

2016年9月，陌陌月活跃用户数量达到了7740万，同比增长了6%。陌陌平台上月流水在3万元以上的“头部主播”，其收入占到总流水的40%~50%，月消费在5000元以上的高额付费用户人数接近1万人，占总流水的一半左右。这充分说明用户付费已经成了直播的主要变现方式之一。

4.直播内容

同质化时代，直播要想更好实现变现，关键还是看内容的优劣，是否能够让用户为其买账，没有变现渠道和方式的IP同样毫无商业价值。直播的个人化IP能够实现快速变现。

事实上，不论是个人还是企业，IP将内容进行IP化是其实现变现的最佳方式。

实际上，无论是广告模式、社交属性、用户付费，其能够实现直播变现的关键还在于直播个人化IP。只有优质的内容才能推动直播变现，加快直播变现速度。因此，直播个人化IP既是实现变现的有效方式，同时也是实现变现的基础和保障。

用价值内容解决用户需求

美国著名社会心理学家认为人有五层需求，当基本的生理需求和安全需求被满足之后，人们就更加需要关爱、关注和尊重。对于当前这个互联网时代，关爱和关注已经成为人们生活中最重要的部分，要想从多角度全方位地调动人们的身体去尝试新时代的新鲜事物，直播无疑是一种最佳、最高效的解决方案。

直播通过声音和图像的方式与用户之间进行高效沟通和互动，并且通过实时反馈的方式更好地吸引和调动用户的全部注意力，这也是最能够打动年轻用户，最能够迎合年轻用户内心需求的方式。因此，直播较以往的BBS、博客、微博、微信等，更具实时性、便捷性，这也是年轻用户更加倾向于选择直播的原因之一。

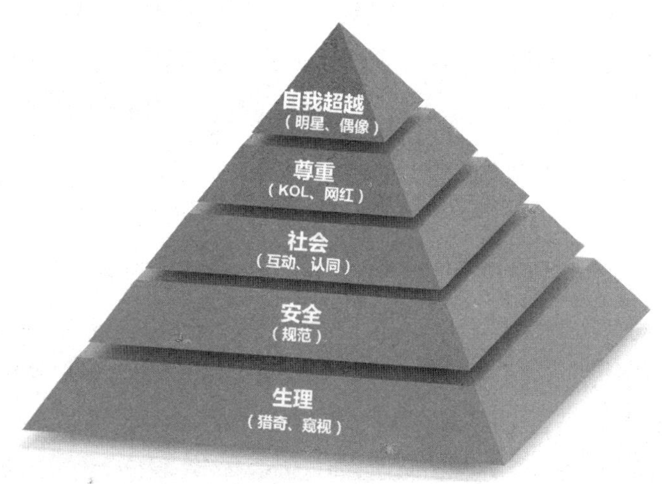

直播在用户无聊的时间里，通过视频直播调动用户的积极性和参与性，通过直播可以解决自己在某一方面的困惑或者可以和主播、粉丝之间进行更具意义和哲理性的话题讨论，让自己获得更多的真知和见解，进而提升自己对事物的认知能力，这样何乐而不为呢?

这里的真知和见解实际上就是一种个人化IP。从这个角度上讲，直播已经站到了个人化IP时代的风口上。在IP时代，每个人都是独一无二的，只要拥有属于自己特有的资产（包括才艺、技能、知识、智慧等），就可以打造一个独特的品牌IP，即个人化IP，这便是价值内容。可以说，主播正是凭借这样的价值内容来解决用户需求的。

没有人希望自己的才能被埋没，没有人希望自己饱含才艺、知识却只能默默地当一个看客，直播平台为主播提供了一个洋溢才华的舞台，让主播能够有机会将自己对世界的理解和创造展示出来，让自己的价值内容能够更好地吸引更多的用户，从而让自己变得更加耀眼，变得不可或缺。

当然，主播的价值内容还需要根据用户的需求来体现，只有满足用户的胃口才能真正深入用户内心，才能真正为用户带来核心价值，这也是目标用户解决痛点的最佳方式。可以毫不夸张地说，主播其实和用户之间好比是伯牙和子期，一方面，伯牙需要能够真正与自己在某方面志同道合的人来欣赏自己的价值内容，另一方面子期需要找到能够真正了解自己内心需求的人提供核心内容来排解需求。这对于用户来讲，便是一种非常好的需求解决方式。而对于主播来讲，如果能够真正为用户提供需求解决方案，那么其商业模式也就成功了一半。

第二部分

直播品牌IP的流程打造

05 第五章 直播品牌IP的养成

当下，直播已经凭借其更加真实的特点，正在成为继微博、微信之后的一种全新的社交方式，并且将会成为下一个互联网的风口，而直播和主播作为一种社会文化现象，也已经成为一种社会主流文化。因此各种直播平台和主播如雨后春笋般出现，但是要想成为直播界的网红明星，关键还是需要直播品牌的打造，才能形成属于自己独一无二的品牌IP，这样才能为用户创造更多的价值，进而聚拢更多的流量。

人人都可以打造直播品牌IP

不想做品牌的主播不是好主播。很多时候，人们会认为“个人品牌”是“名人”才能享有的福利，认为普通人是很难打造个人品牌的，因为名人有很强的公众影响力。其实这样的想法是有偏差的。对于普通大众来讲，虽然不具备像名人一样的强公众影响力，但是依然有能够体现自我价值的资本，以及形成IP的潜能，在给自己找好发展方向、做好角色定位之后，自己的品牌自然而然就会慢慢凸显出来，并将在一定的范围内逐渐形成一股强势的影响力。因此，可以说，在当前这个互联网时代，人人都可以打造品牌。主播也是如此。

2016年进入全民直播时代。范冰冰、刘涛、AngelaBaby、贾乃亮、蒋劲夫等也都开始做起了直播。这些明星本身自带明星光环，因此做直播的时候自然引来无数的粉丝前来围观。尤其是明星直播界的先驱人物AngelaBaby，早在2015年9月份就签约王思聪创立的熊猫TV直播平台，身份中多了个“明星主播”的标签，这样AngelaBaby就在直播的过程中一方面更好地提升了自己的流量，另一方面成了王思聪签约的女主播。

因此，可以看出，明星资源也是网红资源，也是直播平台花重金猛砸的对象。因为即便是明星直播的内容仅仅是与粉丝互动交流、公益募集、商业宣传，明星自带流量的属性也会使得明星凭借本身的公众影响力而形成个人品牌，因而不需要花费太多的时间和精力去策划直播内容。

在过去，由于传统社交方式和传播方式的限制，使得人们的生活圈子非常狭小，同时信息传播的方式也非常有限，因此即便是在某一方面有出众的才华，具有一定的影响力，也很难在短时间内实现快速传播，并形成个人品牌。但是互联网、移动互联网的出现则彻底改变和打破了传统格局。即便是再普通的人，只要能凭借直播平台做一件不同寻常的事情，就可以在互联网“短平快”的特点下在全球范围内快速传播，并由此建立起个人影响力，进而形成一种品牌。

在IP时代，每个人都可以借助社交平台，如微博、微信、博客等方式将个人信息传播出去，尤其是在直播平台上，只要传播的内容有料、新鲜、深刻、与众不同，就一定能够吸引更多的人发现和关注。但是，重点在于，被人发现之后能不能有持续的内容可以作为下次直播的信息，这样才能持续获得关注度，并且才会形成持续的品牌IP。

知名的游戏制作人、作家王世嬴对于IP是这样定义的：“一要有内容能从一个领域衍生到另外一个领域；二要有知名度；三要有一定的粉丝群。”只有这样的IP才可以算作是价值IP。如果一个品牌名称只有一个象征性的LOGO，那么这个品牌还不能算作是真正的品牌。只有拥有了IP，实现了品牌IP化，这才能算是真正意义上的品牌。所以，品牌IP相对于其他门类的IP来讲，最重要的就是需要内容做支持，这里的内容是需要我们去不断创造的。

目前，从网络上看到的直播内容，无论是网红、明星，还是各个领域的专家，其竞争的核心都是打造“人”与“内容”两个维度的制高点，从而打造出个人品牌以获取流量及市场份额，输出优质内容，达到提高平台用户黏性的目的。因此，作为一个普通人，要想借助直播平台打造个人品牌IP，需要从以下几点入手：

1.开创一个品类

通常受众能够记住的往往是在一个行业或品类中的大老品牌，而对于

“老二”“老三”品牌的记忆却是比较模糊的。直播品牌也是如此。作为一个普通的主播，要想让广大受众在第一时间记住你，就需要有足够的个性化创新能力将自己的品牌开创为“品类第一”。这样才能在一片红海的竞争中，树立起新的直播品牌IP，有效避开激烈的竞争，进入独立的蓝海领域。

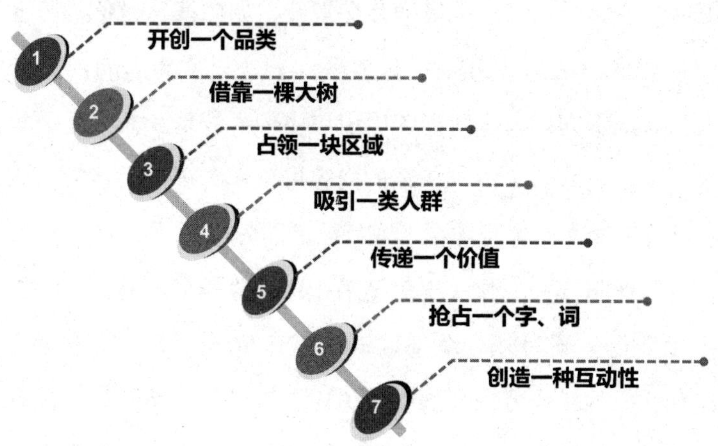

2.借靠一棵大树

“大树底下好乘凉”，的确如此，作为普通大众中的一个个体，要想在直播领域中打造出属于自己的品牌，首先就需要选对这棵能够快速帮助自己提升品牌影响力的大树，通过借势的方式提升自身直播品牌。

举个简单的例子。熊猫TV直播平台本身是知名网红王思聪一手打造的，因此，该平台本身就被赋予了一种品牌气息。作为普通主播来讲，可以作为一个非常不错的选择，靠住这棵大树，借势于外力，自然会使自己在直播品牌构造的路上省很多力。

3.占领一块区域

自古，占领山头的草寇自然会成为这块山头的“霸主”，打造直播品牌也是如此，与其在不同直播内容领域四处游走，不如打好内容基础占地为王。

4.吸引一类人群

直播行业能够在短时间内快速崛起，无论是资本的力量还是品牌的力量，都在一定程度上是其不断前行的动因。但是，直播崛起的背后是年轻一代的崛起，无论是主播还是受众，都是以年轻人为主导，因此，直播就成为年轻人表达话语权的载体。基于这一点，也对直播个人品牌提出了要求，即更加注重年轻化，融入更多的创新元素，这样才能更加迎合年轻人特质，才能更加深得民心，虏获更多粉丝的心。

5.传递一个价值

在当前这个直播炙手可热的时代，如果一味地靠颜值借助直播平台作秀，或者只想通过一个吸引人眼球的噱头来吸引人参与，那么势必使得主播离自己的直播领域越来越远。当直播脱离了单纯的作秀，而和自己特有的品牌结合的时候，那么你的直播内容就具有了一定的品牌价值，即品牌IP。这也是能够让直播从粗俗、低端、没品、不合法的乱象中走出来，并且真正实现“直播+”生态圈的不断壮大。

6.抢占一个字、词

借助“专属词汇”在第一时间抢占广大受众的眼球，让受众看到这两个词之后能够瞬时被想要了解的好奇心所吸引。并在之后的直播过程中经常围绕这个“专属词汇”进行，那么便会在久而久之的直播过程中使得这个字、词逐渐形成一种直播品牌IP。

以著名直播网红Ayawawa为例。Ayawawa本是一个80后普通女孩，自2001年在网络领域摸爬滚打至今，Ayawawa开辟了自己的直播天地，在一直播做起了主播，成为了一名资深的直播网红。如今，Ayawawa仅在新浪微博上的粉丝数量就已经超过了270万。

Ayawawa之所以能够获得如此高的人气，关键在于她在直播的过程中通过自我魅力来完成向外的价值输出，从而形成了属于自己的品牌IP。Ayawawa并不是像其他直播网红一样走颜值路线，而是凭借自己的专长——情感分析而成为直播界的情感专家，并通过这一方式打造属于自己的品牌IP。

Ayawawa在情感讲解的过程中有两个“专属词汇”：一个是PU值，另一个是MV值。

PU值是指亲子不确定性，指的是男性潜意识里对后代的不确定感，这是男性生理进化而形成的一种机制。PU值不完全由女性决定，男性本身、两人认识的缘由、相处的状态、孩子的相似性，都能够决定PU值。

MV值是婚恋市场价值，也称为伴侣价值，指的是个人在婚恋市场上能够匹配的伴侣的水准。一个人的相貌、身高、家庭背景、教育背景、情商、智商、婚史等，共同组成一个人的婚恋市场价值。

Ayawawa在与粉丝讲解案例的过程中总是围绕这两个词汇进行，从而形成了其特有的品牌IP。也正是因为这一独特的切入点，使得众多受众都愿意从中获取价值内容，进而成为其忠实的粉丝和追随者。

7.创造一种互动性

直播平台本身就是面向大众群体的，且参与度较高的群体是年轻人，因此，这就使得受众范围能够更好地划分，即大众化年轻人。加之年轻人本身具有较高的参与积极性和活跃度，因此，在借助内容进行直播品牌IP化的过程中，一定要注意直播内容的强互动性和高参与性，进而引起高共鸣，而并非一定要靠明星的眼球效应。当然，这里并不是否认明星是传递品牌价值的很好的载体，但是回归到直播的本质上来看，其实直播就是普通人在表达自己。从这个角度上来讲，人人都有打造直播品牌IP的潜质。

取一个响亮的名字

好的直播品牌一定要有好的内容才能形成一个好的直播品牌IP，但是同时也不能忽视主播名字的打造，主播名字也是直播品牌打造的一部分。事实上，很多时候IP仅仅是一个名字，尤其是对于个体品牌而言，从来都是入驻某个直播平台之后，先注册一个属于自己的ID，然后再开始着手做其他事情。因此，直播品牌的打造首先就应当从一个好的主播名字开始，通过名字吸引广大受众的眼球，然后再通过内容引爆产品，制造一种流行，形成一种生活方式，最终形成商业变现。

主播起名字的目的是为了给受众亮出自己的身份和直播内容。如何给自己的直播品牌起一个好的名字呢？

给直播品牌起一个好名字的方法

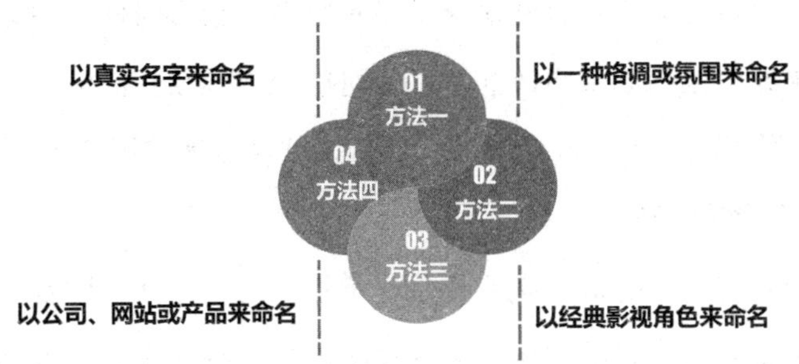

1.以真实名字来命名

很多时候，我们会发现直播品牌的名字是根据主播自己的真实名字命名的，如鹿晗、刘涛、范冰冰、林俊杰、梁镜凡、韩以轩、胡丰驿等。这样的命名方式使得主播能够让受众感觉更加真实，让受众有一种更加接近现实的感觉。

2.以一种格调或氛围来命名

格调或氛围往往是年轻受众更加喜欢的一种代表个性化的风格，如Papi酱、尤克里里、离久折、韩火火、贱民村、冷魅舞、浅月、凝墨等，单从这些主播名字并不能看出主播是谁，直播品牌隶属于哪个领域，但却可以从这些简单的主播名字中看出其中蕴含的格调与内涵以及直播场景。

3.以经典影视角色来命名

这种命名很多时候是用于虚拟直播而打造的主播名，如唐唐、多拉A梦。前面也讲过，“唐唐”是以我国四大名著《西游记》里的唐僧为原型而打造的二次元卡通形象和名字。这种以经典影视角色来命名的方式，往往更能吸引受众的眼球，因为这种名字本身自带品牌IP。

4.以公司、网站或产品来命名

这种命名方式是通过早已经存在的名称来命名，如小米直播、奇秀直播。小米直播的内容自然是与小米科技有关的产品或动向；奇秀直播自然是与爱奇艺有关的直播。

很多热门直播品牌IP往往在名字上就非常吸引人，因此，直播品牌IP的打造一定要重视品牌内容和名字的双重打造。很多时候，一旦定下了名字就很难更改，因为如果更改名字，很可能会造成粉丝的流失，进而影响直播品牌的传播。那么，在取名字的时候需要注意哪些因素呢？

1.能留下深刻印象

负面的名字产生的负面影响将是非常强大的，即便是谐音的负面影响力也是不可忽视的。好的主播名字往往能给人一种憧憬，让人感觉从名字中就散发着一种灵魂的香气，让人觉得这位主播直播的内容必定是有内涵、有思想、有高度的。这样就能够更好地给受众留下美好、深刻的印象。

2.好读好记，要顺口

好读、顺口的名字往往更能刻入人的脑海中，这样更容易让人快速记住。

3.新奇有趣、富有个性

对于绝大多数人来讲，能够体现出另类、新奇的名字更容易引起人们的关注，比如Papi酱，中英文相结合，给人耳目一新的感觉，自然就容易让人记住。

总之，内容和名字对于直播品牌的打造至关重要。拥有优秀的直播品牌才能有效聚拢受众；拥有直播品牌IP，才能将受众进一步转化为自己的粉丝，为进一步进化为“铁粉”的实现提供了可能。

直播品牌中凸显个人IP主题

如果说微信开启了IP时代，那么视频直播则为IP时代的迅猛发展推波助澜。我们生活中出现的所有现象都不是偶然的，而是在一定条件趋于成熟的情况下发生的。当前的直播网红就是IP的另一种表达和实现方式。只要时机成熟，具备相应的硬件条件，那么人人都可以做直播。

然而，在这个人人都可以做直播的时代，要想在巨大的流量池中获得规模庞大的粉丝，关键还在于品牌的打造。直播品牌在打造的过程中必须融入个人IP主题，才能让IP表现得更加饱满。更重要的是可以满足用户痛点需求，进而产生用户价值。这就好比房地产一样，要么是为了满足居住需求，具有居住价值；要么是满足投资需求，具有金融价值。因此，为了能够达到这样的效果，直播品牌应当从以下几个方面凸显个人IP主题：

1.体验精彩世界

这个世界上，每个人都是独一无二地存在着，因此，每个人对于同一事物的观点和看法也不尽相同；每个人所擅长的行业或领域也各不相同；每个人对于创造世界的方式也大不相同。也正是因为这些独一无二，使得这个世界更加精彩。但是如果每个人都一味地使用自己的惯用方式来从事一件事情，那么势必会给人带来一种枯燥、单调感。

但是，直播平台上则有所不同，在这里，我们可以看到形形色色的人，看到他们与自己存在很大区别的生活方式，这样就会使得自己被生活折磨得几近麻痹的神经一下子被一种神奇的生活方式给激活了，从而让自己感觉精神饱满，从而发自内心地跳出一个声音——原来世界如此精彩！

举个简单的例子。相信很多时候待在北京的人都会在脑海中形成一个印象，那就是严重的雾霾天，阻挡了人们的视线，给人们的生活带来困扰。但是久而久之人们已经对这样的天气形成了一种习惯。尤其是进入冬季，北京的天气在很多人的心里是这样的，如图1所示。

然而，图2是主播在南方通过直播平台，给粉丝直播奢侈的蓝天白云，这时候身处雾霾困扰的人看到这样蓝天白云的直播画面，如同身处蓝天白云下呼吸着新鲜空气一样，深感惬意。同时自己的神经也会被这样的蓝天白云的画面所激活，感觉世界还是美好的，蓝天白云还是有的。

图1

图2

2.寻找同类交流心得

在这个世界上，其实我们并不孤单，总会有人与我们的喜好、志趣相投。所谓“物以类聚，人以群分”，每个人都喜欢寻找到与自己喜好、志趣相同的人或圈子，进行借鉴、切磋、学习，从而提升自己在这方面的能力。

但是，在线下能够找到这样的人或圈子是很难的，有时候这个人或者圈子就在自己附近，但却很难发现，因此使得自己没有机会认识圈子中的人，更不用说提升自我。

但是直播却与此有很大的不同。在直播平台上聚集了一批具有相同爱好、志趣、专业的人，只要输入关键字进行搜索就很容易找到这样的人或圈子。

比如，你喜欢弹古筝，是一位古筝爱好者，正好在直播平台上搜到了一位有颜值又有才华的女主播弹古筝弹得非常好听。这时候可以看看同样一首曲子，为何在别人手中能够弹得如此流畅、优美，再回过头来对比一下自己弹的，看看差距究竟在哪里。同时，还可以与主播谈论弹古筝的心得，从中学习一二，这样可以很好地帮助你提升弹古筝的技艺。

3.追求精神上的成长

每个人都是在经历中不断成长的，无论是成功还是失败，都是让人能够成长的重要因素。当然，除了自己的经历，还可以借鉴别人的成长经验来帮助自己不断成长、壮大。

直播平台上会遇到很多有名或者在某方面有非常独到的见解或者成功经验的人，我们不需要事先跟他们认识，同时也不需要费神费心地找一个环境优雅的茶馆或咖啡馆，只需要进入他的直播间，就可以犹如面对面一般，听他讲述他自己的成长故事，并且为我们在成长道路上遇到的困惑进行一一解答。他们所讲的这些故事以及对我们提出问题的回答，无论对与否，有一点是值得肯定的，即这些在一定程度上对于我们的成长是有帮助和借鉴价值的。

博思生物科技董事长李诺，旗下品牌淡の良品，这位二十一岁的霸道总裁，短短两年，从一个平凡的大学毕业生蜕变为一个品牌创始人。身边朋友都不相信她能自己做一个品牌，更不相信她能做好一个品牌，尤其在当今社会化妆品市场鱼龙混杂的大环境下。可她就是摸爬滚打地做起来了，在各直播平台李诺开始了她的故事直播，讲故事，讲年轻人的创业精神以及直接展示淡の良品化妆品在自己脸上神奇的作用。对于广大围观用户来讲，不但从李诺的个人创业故事中获得了精神上的成长，而且还对于化妆品的选择上有了非常清晰的认识，慢慢地李诺的粉丝们开始转化变现，成为了李诺的忠实客户甚至加盟代理。

总之，在这个IP时代，能够凸显品牌IP主题的直播才能深得人心，才能通过自己的价值体现换取更多粉丝的关注，这也是直播品牌IP养成的一个重要方向。

第六章 “直播+IP”的商业定位

当前是一个极具商业化的时代，随着IP价值的彰显，打造IP已经成为一个全新的商业概念，如何将“直播+IP”实现商业变现，关键还需要对其进行商业定位，包括自我定位、产品定位、平台定位、用户定位、内容定位。因此，唯有实现这五个方面的定位，“直播+IP”的商业价值才能更好地凸显出来。

自我定位：合适自己的才是最好的

随着社交媒体、智能手机、4G网络的兴起以及网红经济的发展，网络直播正成为当前新一轮互联网巨头和创业者们争夺的新战场。在这个巨大的战场上，各平台和网络主播纷纷“逐鹿中原”。

无论是以短视频起家的Papi酱，还是以娱乐圈成名的各大明星，都可以直播。如刘涛，也出来在YY平台做直播，首次网络直播便创造了同时在线人数17万的记录，开场5分钟甚至造成直播平台瘫痪；赵本山的女儿赵一涵在映客直播平台上做直播，一场下来获得的礼物打赏折合人民币88万元，送礼物的观众中除了广大粉丝还有德云社成员以及赵本山的徒弟们。当然Papi酱、刘涛、赵本山的女儿赵一涵本身就自带IP光环，Papi酱是以短视频起家并成名的网红；刘涛是以精湛演绎成名的明星；赵一涵是赵本山的女儿，属于“星二代”。他们能够通过直播在原有粉丝的基础上迅速“增粉”是自然而然的事情。然而对于普通大众型主播用户来讲，在这个人人直播的时代要想开辟一条属于自己个性化特点的直播道路还需要多加锤炼。

要想通过“直播+IP”模式实现商业变现，最主要的就是主播对自己进行定位。要知道，“方向不对，努力白费”，在做直播前没有给自己定好“调”，即便是在直播过程中卖力表现，依旧是吃力不讨好，不能获得观看用户的青睐，自然就不会有流畅的直播事业以及暴增的经济效益。那么，主播初入直播行业，应当如何给自己定位呢？

主播出入直播行业进行自我定位的要素

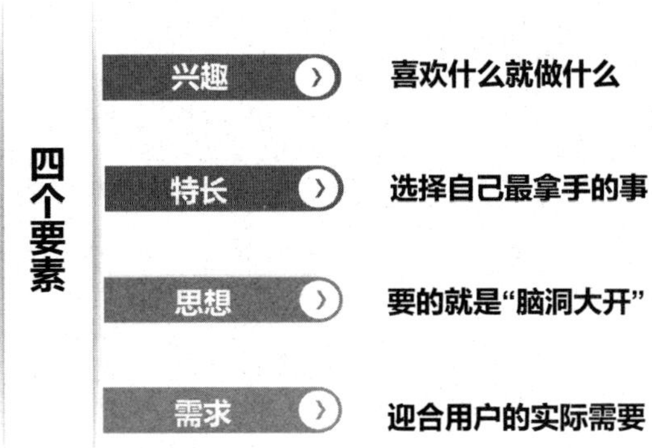

1.兴趣：喜欢什么就做什么

兴趣是一项事业的开端，只有始终对这项事业充满兴趣才能取得成功。要想借助直播平台实现“直播+IP”模式中蕴含的巨大商业价值，首先就得对自己直播的领域感兴趣。喜欢什么就做什么，这是天性使然，也是决定能否在事业上取得成功的关键。如果选取的直播领域虽然在当下非常火爆，非常受广大观众用户的青睐和喜爱，但是自己却在这一领域是一张白纸，没有任何知识、技术等特长，那么即便是硬着头皮强行让自己坚持在自身不擅长的领域做直播，获得的效果势必是遭到前来围观用户的批评和指责，甚至是谩骂，认为是“垃圾”。当然，这种在别人眼中的“垃圾”自然不会形成IP，用户也不会为这种“垃圾”买账。

2.特长：选择自己最拿手的事

很多时候，擅长什么才能做好什么，可以说特长和优势就是一把在竞争中取得胜利的利剑。而积累粉丝是直播的基本，也是长人气之根本。无论是才艺，还是轻松、搞笑的讲话方式，抑或是在某个专业领域的擅长，都可以着手将其作为直播的一个方向。

如果自己在哪方面都不擅长，那么可以毫不夸张地说，没有足够的积累，没有足够的积淀，很多红利则离我们很遥远。我们不如默默地磨练好自己的内功，时候到了自然会引爆，成为直播领域中的顶级网红，届时我们的特长在“直播+IP”模式中的价值自然会显现出来。

3.思想：要的就是“脑洞大开”

进行自我定位的时候，切记不要思想过于古板。要知道，在这个互联网、移动互联网时代，人们的思想是越来越灵活多变的，因此，进行自我定位一定要开阔眼界、开阔思路，这样对自我定位以及“直播+IP”的商业定位大有裨益。

4.需求：迎合用户的实际需要

自我定位的最终目的就是为了迎合用户的实际需求，这样的自我定位才更具意义。用户需求就是用户从自身角度出发，自己认为的需求。用户的实际需求就是用户从自身情况考虑，对于直播产品的功能和价值带来的期望，这些期望包括情感的满足、知识层次的提升、心得的交流、精神上的成长等。基于这些，主播在进行自我定位的时候就要从挖掘用户内心的真正目标出发，并将这些目标转化为直播产品需求的过程，再根据这一过程来制定自我定位方案，从而在自己擅长的领域达到迎合用户实际需求的目的。

总之，在进行自我定位的过程中，要融入兴趣、特长、思想，以及用户实际需求，这样的直播内容才更有观看价值，才能更好地推动“直播+IP”商业模式的实现。

产品定位：从无到有打造IP的关键点

2015年开始，直播领域进入百播大战阶段；2016年是直播领域断杀最为惨烈的一年，多家平台杀入，网红直播遍地开花。截至2016年底，大约有300家平台直播，2亿平台用户规模，大型平台每日高峰时段同时在线人数达到了400万，同时在线房间数量达到了3000个左右。由此可见，直播行业已经成为一片红海。

在直播行业的不断发展过程中，形成了四种主流直播产品：游戏直播、生活直播、秀场直播、VR直播。

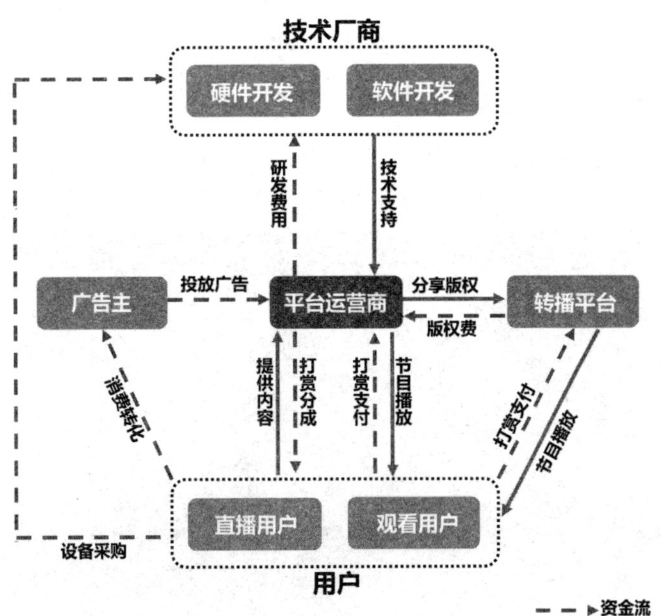

1.游戏类直播

游戏直播顾名思义就是将直播产品的内容定位在游戏方面，其特点是主播概念强，主播难以复制程度比较高。当前，主要是虎牙、斗鱼等国内直播平台以游戏直播为主，并最初以游戏直播起家。目前这些平台获得了各大企业的风投，拥有非常雄厚的资金实力。

2.生活类直播

生活直播是将生活作为直播产品的定位方向，其特点是主播概念较弱，主要指在会场等活动直播为主，其设备成本较高，相对起家比较晚。

3.秀场类直播

秀场直播主要是以作秀为内容的直播产品，基本上是除了以公司性质以外的全名直播。其特点是复制程度较低，成型相对较早，随着PC端向个人智能手机的不断普及，秀场直播才逐渐火爆起来。当前已经有很多大佬入局，纷纷抢夺行业用户。这种直播产品往往用户普及度相对较高。

4.VR类直播

VR直播即借助VR（虚拟现实）技术，用户通过佩戴相关硬件设备，在直播平台提供的App进行直播观看。主播需要采用360° 全景的拍摄设备捕捉多角度画面，进行多画面传输后，观看者可以通过任意角度进行直播体验，使观看者如同身临其境一般。

主播可以根据以上几种直播产品类型，选择最适合自己的或者自己最擅长的产品类型进行精心打造，以最佳的产品内容吸引更多的用户。但是，在打造直播产品的时候，要想让自己的产品能够成为同类产品中的爆款，实现从无到有打造产品IP则是关键。具体来讲，应当经过以下几个步骤来实现：

从无到有打造产品IP的步骤

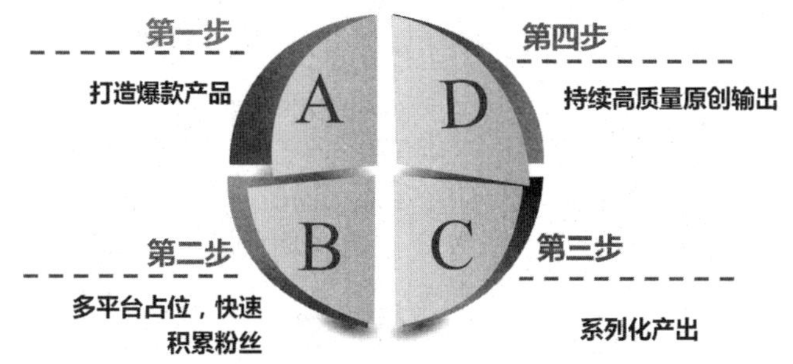

第一步：打造爆款产品

要想让自己的直播产品能够更具吸引力，赢得广大用户的青睐，关键还是需要借助别具一格的风格、魅力的爆款产品来实现，而这种爆款产品则代表了一种产品IP，以此来吸引头部流量。

以秀场类直播产品为例。不少主播会借助直播平台通过脱口秀、唱歌、表演等方式来展现自己的才艺。然而，很多人认为，那些网红才艺远不及“正牌”明星专业。但是要知道，民间同样高手如云，同样有凭借自己的爆款直播产品一炮而红的。那些真正成为秀场类直播的“红人”，往往是花了不少时间和精力去全心全意打造能够表达自己个性化特点的爆款产品。YY直播平台的唱歌红人风小筝，在YY直播唱歌三年多，获得了不少荣誉，被YY官方和众多用户誉为毫无争议的YY歌后，她就是凭借自己以古风、抒情为特点的原创歌曲《醉一场》而一炮走红。也正是这一爆款歌曲产品为风小筝之后成为YY歌后奠定了坚实的基础。

第二步：多平台占位，快速积累粉丝

直播产品能够快速获得流量，一方面需要有爆款产品开辟道路，另一方面还需要多平台占位。要知道，单一平台上聚集的观看用户往往是有限的，即便是有新的观看用户加入，但增加速度也基本上不会出现太大的起伏，因此，直播产品能够吸引的围观用户也不能达到快速增长的效果。而在多平台上占位，往往可以在一定的时间段内提升曝光率，并且能够通过多平台连接更多的用户，进而提高“路转粉”的概率。

Papi酱在做“直播首秀”的时候，选择同时在八大平台上进行直播，这些平台包括一直播、美拍、斗鱼直播、花椒直播、熊猫TV、百度视频、优酷直播、今日头条。相比Papi酱三分钟的短视频，这次“直播首秀”长达一个半小时，更是赢得了不少粉丝的心，轻松获得了2000万人的观看记录。

第三步：系列化产出

爆款本身自带IP，已经成为自成一格的直播产品，但是要想让更多的粉丝能够源源不断地聚拢，系列化产出也是一个不可忽视的方法。通过开发系列化产品，在原有产品特点的基础上开辟与其相关联的产品，可以尽可能适应更多用户的视听需求。

这里还以风小筝为例。风小筝在凭借古风、抒情特点的《醉一场》走红之后，后续的直播歌曲更是走系列化产出路线，有很多直播歌曲是以与古风相关联的中国风为题材，如《梦唐残歌》《盛唐夜唱》《醉梦仙霖》《烟雨江南》等，这些中国风歌曲虽然与之前的古风稍有差异，但都是系列化作品，因此同样可以吸引用户前来围观，也满足了系列粉丝的胃口。

第四步：持续高质量原创输出

能在直播平台主动发酵的内容产品，往往具有原创性，但同时也具有可衍生和再创造的特点。偶尔的爆款直播产品并不是难事，但是很多时候在经过一段时间之后，这个爆款直播产品往往会被用户遗忘。因此，主播要想让用户留下，并让自己的粉丝能够进一步转化为“铁粉”，就必须用高质量的产出进一步捍卫和巩固原有IP。这样，主播就需要从产品的爆款思维转化为持续化的运营思维。

总而言之，要想借助“直播+IP”商业化模式增加流量，产品定位也是一个关键环节。但是产品定位仅仅是一个方面，对定位后的产品IP运营才更是持续聚粉的重点。

平台定位：快速抢占IP风口

2016年被誉为“中国网络直播元年”，因此，这一年用户数量激增，由此也带来了直播平台数量的飙升。各路资金也正“屯兵”直播，群雄逐鹿，网络直播成为资本投资的风口之一。

在2016年春节前，国内的直播平台数量大概有200多家，然而到了5月份的时候就激增到了400~500家，到了2016年年底，更是飚至近1000家。尽管2017年伊始，《人民日报》报道：“国家相关部门严查‘无证’及违规直播平台，9万个直播间被关闭，超过3万个账号被封禁，还有一些小型直播平台被清退。”但是与其形成鲜明对比的是那些大型直播平台纷纷摩拳擦掌，再战2017。以陌陌、YY为代表的几大平台都交出了不错的成绩单。

另外，微博春节红包活动直播也成为了各大直播平台重头戏，其余直播平台也跟进开展“春节红包攻势”。也由此看到，直播平台依然热度不减。

在这个全民直播的时代，实现“直播+IP”的商业变现，选对平台其实很重要。当前，我国直播平台呈现出一片繁荣的景象。下图是根据内容进行分类的直播平台类型：

面对如此庞杂众多的直播平台，如何进行平台定位进而达到快速抢占IP风口的目的呢？

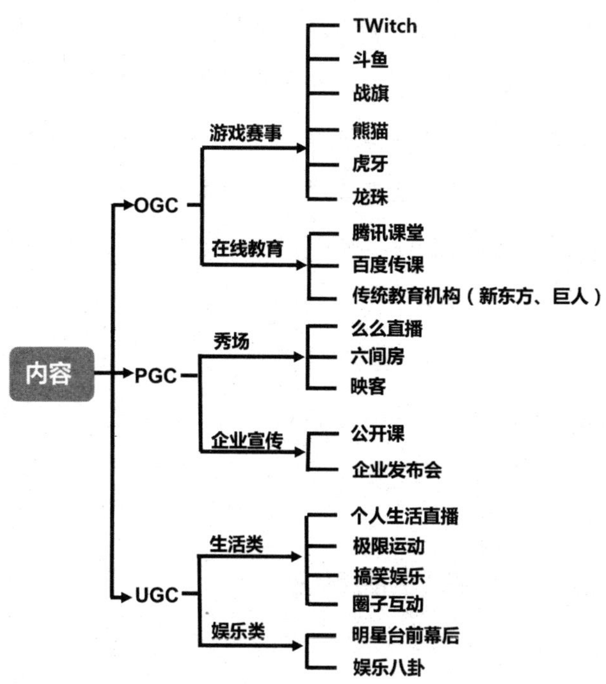

1.平台是否具有强大的用户基础

做直播是离不开强大的用户基础的，只有获得更多用户的关注，才能带动直播IP的横向和纵向传播。因此在进行平台定位的过程中，首先要对各平台的用户量进行细致的调查。具有很强实力的大型平台或者社交平台本身自带大批用户，因此这些直播平台除了带来观看直播的用户以外，还可以借助其用户原有的习惯与分享的行为对直播内容进行二次传播，这样就会使直播IP能够获得更加持续性的传播，能够吸引更多人的关注，从而达到大幅提升粉丝数量以及提升直播IP变现的目的。

硬派格斗动作电影《终极硬汉》自从开始拍摄就已经受到很多影迷的关注和期待，该电影凭借其自身IP，即硬汉清洁亮点外，也让很多观众更好地体验了一种迷人的异域风情。但是《终极硬汉》在演员的投资上并不是很高，而是将大量资金投入到影片的制作上。正当影视领域还在借助传统的明星演员、导演的宣传作为营销手段的时候，《终极硬汉》寻找到了一条全新的营销道路，即将影视IP和直播相结合。在选择合作伙伴方面，《终极硬汉》选择了入榜“中国互联网百强”的六间房直播平台。此次合作是利用直播模式和影视内容整合的一种创新立体营销模式。之所以选择六间房，是因为六间房本身是一个视频分享平台，在该平台上，用户不但会观看视频，还习惯于将自已喜欢的视频进行分享，因此这就为《终极硬汉》在该平台上进行直播宣传提供了很好的营销契机，使得《终极硬汉》不仅脱离了固有的“炒明星”烧钱模式，还能够让更多观众看到更加精良的作品，成为当前影视领域值得一试的宣传营销方式。

2.能否给用户带来极致的使用体验

在这个“体验为王”的时代，对于视频直播网站来讲，直播画面清晰度、流畅度是决定能否给用户带来极致使用体验的关键，因此，这种极致的使用体验几乎是进行直播平台选择的第一衡量标准。

对于直播平台来讲，直播过程中出现延迟和卡顿是头号公敌。因为，随着科技的不断发展，以及4G/Wi-fi网络的高速连接，人们对于卡顿的忍耐度几乎为零。如果网速出现延迟，就会让围观用户错过精彩时刻，这样就会严重影响围观用户的观看情绪，因此一言不合就弃用。这样势必使得大量用户从直播平台上流失。因此，没有高清晰度、高流畅度的直播平台往往使观看用户对使用体验产生不满情绪。尤其是移动视频直播，主播用户在进行内容上传的时候更加困难，这样即便是观看用户保证了非常好的网络条件，但是依然难以避免延迟和卡顿的情况出现。

这样导致的结果就是很难留住用户，也很难确保用户规模稳定性。在这个基础上，势必会影响直播IP的变现质量。因此，在进行平台定位的时候，是否具备过硬的直播技术，或者具备较强的宽带和网络流畅度，能够使直播画面清晰、流畅从而能够给观看用户带来极致的使用体验成为了平台选择的关键参考点。

3.是否具有能够与用户更好互动的功能

做直播，关键在于真实性、一对多、实时互动性以及随时随地性。而实时互动又是互联网直播最核心的特点。直播能够做好，具备优质IP固然重要，还需要能够让主播和观看用户之间能够实现实时互动。要知道，强互动才有强关系，通过互动可以有效增强观看用户与主播之间的关系，可以让用户能够感觉到主播是真实存在的，进而能够提升“路转粉”的概率，同时互动也是推动直播IP快速传播的有效方式。这样就要求直播平台具有很好的互动功能，如打赏、弹幕、连麦等，都是一种很好的互动方式。

4.是否能够提升曝光率，具有更好的发展前景

能够让直播IP实现快速传播的另一个方法就是有效提升直播IP的曝光率，这也是进行平台定位需要着重注意的一点。通常那些“背靠大树”的直播平台往往更能增加直播IP的曝光率，而这样的平台也是更具发展前景的平台。

来疯直播平台经常为主播提供与明星大咖面对面接触的机会。能够与明星大咖见面，自然提升了直播IP在观看用户眼中的“高大上”形象感，为直播IP被更多的用户所喜爱提供了可能性。同时，来疯直播平台还背靠优酷这棵“大树”，基于优酷这个视频播放平台有效提升了直播IP的曝光率。因此，来疯直播平台就是一个能够有效提升曝光率，并具有更好发展前景的平台。

用户定位：得粉丝者得天下

在当前这个粉丝经济时代，无论是明星还是草根网红，都是依托于规模强大的粉丝而成名的，可以说得粉丝者得天下。直播平台之所以能够产生网红，能够通过“直播+IP”的商业模式实现变现，关键在于庞大的用户基数、完善的平台设施、具备社交基因且有传播力。

尤其是庞大的粉丝群体更是实现直播IP变现的土壤。因此，“直播+IP”商业定位的核心之一就是用户定位，高质量的用户定位才能有效提升实现“路转粉”的概率。获客、升值、留存是用户生命周期关键节点，然而精准的获客方式则是实现用户定位的关键。具体来讲，用户定位应当三步走：

用户定位三步走

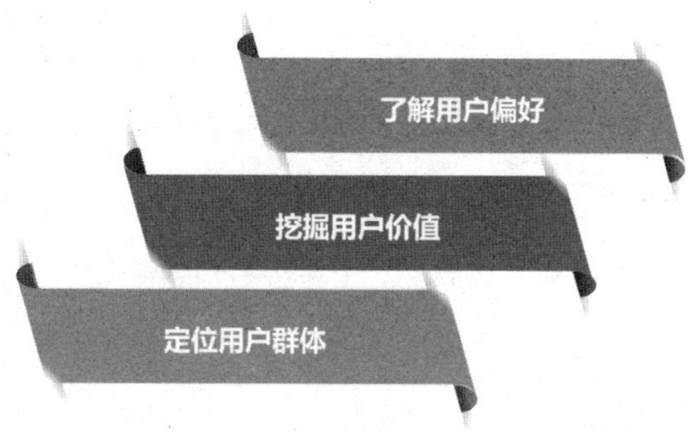

第一步：了解用户偏好

以用户App安装类型、使用次数、使用时长等数据作为参考，进而进行深度分析，从中发现用户的个性偏好，为实现增加用户黏性提供参考。

第二步：挖掘用户价值

通过对App用户规模、消费价值、媒体价值、应用价值等多方面进行评级和评估，发现App用户价值，助力产品快速变现。

第三步：精准定位用户群体

通过分析用户App行为，进行用户画像，定位用户人群以及常用App类型，从而了解用户是哪些人、在哪里，为挖掘增量用户提供数据支持。

做好用户定位是大量获得粉丝的关键，在庞大的粉丝基础上才能保证“直播+IP”的商业价值变现。但是做好用户定位并不是已经万事大吉了，还需要让核心用户群时刻保持巨大的吸引力。对用户和粉丝进行更好的维护，才能尽可能地提高核心用户活跃度以及普通粉丝转变为核心粉丝的转化率。直播用户和粉丝的维护应当从以下几点入手：

1.重视用户的“三感”

粉丝是一个特殊的用户群体，他们所付诸的关注行为，并不只是停留在单一的对直播产品的了解，更多的是想用一定的支付方式，如打赏，来获得直播IP所蕴含的价值。他们能够为了自己中意的直播产品付费，这一点已经充分证明了粉丝和一般用户之间的区别。如何能让用户向粉丝转化，关键就应当重视和满足用户的“三感”，即参与感、尊重感、成就感。

参与感让用户参与进来，进行互动性话题讨论，从而产生一些价值性建议或意见，为直播IP的价值提升起到一定的完善和改进作用。通过互动性话题讨论，让用户觉得受到了主播的关注和尊重，当意见或价值被采纳之后，便会由此而产生一种成就感。因此，重视用户的“三感”是不容忽视的，满足用户“三感”的最佳方式就是与用户进行互动。

2.注重粉丝的体验

随着当前粉丝经济的崛起，以及个人IP的凸显，带动了游戏、影视等行业的迅速发展，尤其是直播行业，作为一个新兴行业，粉丝群体则是走在了体验经济顶端。因此，注重粉丝体验成为了实现直播IP商业价值的又一重要途径。

粉丝观看直播的目的就是为了得到好奇心的满足、问题的解决以及“三感”的满足。因此，主播尽量形成属于自己独有的特色，包括直播产品、直播内容等，给粉丝带来不同的体验，这样可以有效降低可替代性和他人的模仿性。如果无法持续满足粉丝的需求，那么粉丝量逐渐流失也就是时间的问题了，这也就能很好地解释一般粉丝的生命周期性问题了。很多时候，粉丝的流失是在所难免的，关键是看如何在增加粉丝量的同时，能够降低粉丝的流失率。

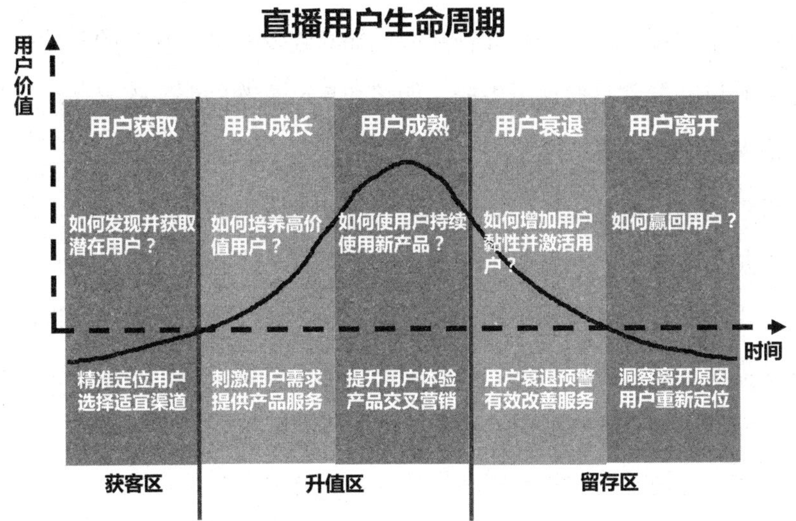

3.有诱惑力的互动

要知道，用户对于某一款产品、某一个直播产品来讲，往往是存在用户生命周期的，这是具有一定的必然性的。随着用户对直播内容的长时间围观，尤其是那些内容没有任何变化或新颖的直播来讲，会随着时间的推移而逐渐产生视觉疲劳，这样就势必会从用户成熟期逐渐向用户衰退期转变，最终导致用户离开进而转向追求其他直播产品和内容。要想吸引新用户并且留住老用户，除了直播产品和直播内容外，还可以通过更具诱惑力的互动来实现，进而达到直播IP价值变现的目的。

比如，创新互动方式。与用户之间进行互动，可以拉近与观看用户之间的距离，但是如果互动方式单一，势必让用户逐渐失去积极互动的兴趣。但是，如果能够经常变换互动方式，用更加新颖的互动方式吊足用户的胃口，让用户时常有一种新鲜感，那么用户自然是不会离开的，甚至还会有粉丝主动去发展新的粉丝，甚至去维护粉丝。要知道，粉丝的力量是非常强大的，这样可以非常高效地实现快速聚粉。

在直播的过程中偶尔邀请几个神秘明星嘉宾参与进来，这样可以借助用户的好奇心理而更好地吸引用户，同时还给用户发放惊喜和福利，如随机选取若干个用户，让用户和神秘明星嘉宾连麦互动，这样的互动福利对于用户来讲是非常具有诱惑力的，能够和自己喜欢的明星连麦互动，是很多用户梦寐以求的事情。

另外还可以通过定期发送红包的方式，来吸引新用户，留住老用户。这一点是抓住了人们利益需求的心理，能够在一定程度上满足用户的利益需求，也是一种很好地维护用户关系的互动方式。当然，这种发送红包的方式还需要注意把握一个度，在合理的情况下适度发放，不但不会有利益损失，而且达到了维护用户关系的目的。

当前，邀请神秘明星嘉宾和发放红包，这两种方式常见于电商平台或者有一定经济实力的主播。然而，对于大众型主播来讲，互动创新才是关键。

总而言之，得粉丝者得天下，精准的粉丝定位固然重要，但是粉丝的维护亦不可忽视。通过以上三种方式也就为进一步实现直播IP的市场精准营销奠定了基础。

内容定位：让内容价值从0到1

当前，知识产权即IP已经成为整个传媒行业内外热炒的词汇。电影制片人、游戏制作人、出版人都希望将IP打造成“爆款”内容。在投资人眼中，IP就是能够获得源源不断财富的聚宝盆；企业主也希望能够绑上IP这条大船，在自己的产品上贴上IP的标签立刻成为爆款产品；传媒人更是喜欢使用IP使影视作品的收视率和点击率一路狂飙。

做直播同样离不开IP的精心打造，这是能够使得粉丝激增并快速实现变现的最佳途径。因此，“直播+IP”就成为了一个极具商业价值的创新模式。然而，要想借助该商业模式获取高回报、高价值，首先需要做的就是对直播内容进行定位。

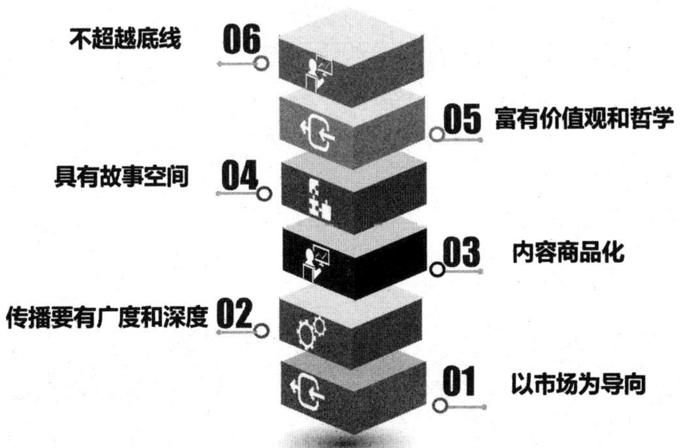

1.以市场为导向

直播行业之所以能够在短短的几年内迎来一片昌盛繁荣的景象，这一切都是离不开市场的联合推动的。从最初在优酷土豆视频网站上传个人小视频的直播1.0时代，再到类似六间房等网页端的“秀场”直播2.0时代，再到如今的“随走、随看、随播”的3.0移动视频直播时代。历经迭代更替之后，曾经不少红极一时的网红如今已经被人们忘记，曾经火爆朋友圈的秒拍、足迹、GIF快手现如今已经成为了一批延时类直播软件的代名词，随着即时直播软件的出现和兴起，这些延时类直播软件已经不再具有优势。

直播平台是市场历经迭代更替而出现的必然产物。网络视频直播是当前媒体最高端的一种直播形式。从信息传递的角度来看，文字可以捏造、图片可以进行PS，就连视频也可以进行剪辑，只有直播用最真实的一面展现给用户，给用户带来真实的体验。正是如此，直播内容更应该以市场为导向，为大众用户提供能够解决其价值需求的内容，这样才会给用户足够的想象空间和惊喜，才能吸引更多的流量。

当然，前面也讲到，当前直播领域无论是主播还是用户，都是以年轻人群为主，因此这类用户的需求往往代表着当前的市场需求。通常情况下，这些年轻人大多追逐时尚、流行元素，包括技能、技术、技艺、知识等，只要是新奇、新颖的东西都能够吸引其注意力，满足其好奇心的同时还能够为其提供具有真知性、价值性的见解和操作方法，这些对于他们来讲是最能够给其带来需求满足的真实体验。因此，这也便是当下直播领域应当迎合的市场需求。

2.传播要有广度和深度

时间是把磨人的刀。这句话用在直播内容IP的开发问题上实际上非常贴切。随着时间的推移，那些低俗的桥段、感官上的刺激和欲望元素都可以慢慢地被淡化掉，但无法抹去优质直播内容给人们带来的美好感觉，以及情绪上和思想上的震动。真正好的直播能够打开人们的心扉，并长期驻足在人们心中，进而产生不可估量的价值。

从这个角度上来看，或许我们可以真正理解，为什么一个名字、一首老歌、一首诗都可以成为IP背后的逻辑所在。可以说，那些能够给用户带来正面印象和拥有深刻记忆的内容IP，即便是花费更多的时间和资金成本去开发也是非常值得的。

但是在开发真正含金量高的直播内容IP的时候，一定要注意这个直播内容IP要具有一定的传播广度和深度。

（1）传播的广度。具体来讲，直播平台上虽然是年轻人占绝大多数，但也不乏各个年龄段的用户，以及不同学历、不同职业的用户，要让他们都能够喜欢和接受直播内容，就要求直播内容的传播要有一定的广度，即内容能适合更多人的口味，具备跨界传播的能力。

例如直播内容以情感经营为主。社会中无论年龄大小、知识层次高低，都或多或少地会遇到情感问题，以情感内容为直播内容IP，会为其提供能够解决其情感困惑的价值内容，这便形成了一种具有传播广度的直播内容IP。

（2）传播的深度。传播的深度实际上就是直播用户对内容IP的喜爱程度。这一点可以通过看用户为直播内容付费的意愿来判断。用户对主播的打赏实际上就能很好地印证这一点。通常，用户越是喜欢直播内容，就越会拿出一些礼物打赏主播，虽然这些礼物都是虚拟的，但却很好地证明了直播的内容是非常受用户欢迎和喜爱的，用户通过这种打赏方式对直播内容表示赞赏和认可。

2016年7月，大火的Papi酱首次进行网络直播，在一个半小时的视频直播过程中，共吸引了2000万人前来围观，仅获得的打赏收入折合人民币就达到了90余万元。这也正是Papi酱大火的原因。但是究其本质，还得归功于Papi酱与众不同的直播内容非常具有传播深度，受到不同行业、不同知识背景的用户的喜爱。

这样既有传播广度又有传播深度的直播内容，对用户来讲才是更具价值的直播内容IP。

3.内容商品化

当前，直播这个风口依然强劲，过去直播经历了流量、资本、内容等层面的竞争之后，随着国家政策发布使得直播平台更加重视“内容升级”的同时也加速了行业洗牌。在这个弱肉强食的时代，强者留下弱者淘汰，无论是对于直播平台还是主播，是否能够很好地奠定他们的行业地位，这一点用其内容的“商品化能力”来考量最合适不过了。将内容商品化是一种内容价值提升的有效方式，同时也是直播平台获益的最佳途径。

人人网2016年第二季度的财务报告显示：公司总净营收为1440万美元，同比增长38.5%。净亏损为4610万美元，而上年同期净亏损为7030万美元，最明显的是直播业务带来的营收收入增长。其中直接相关的互联网增值服务收入为680万美元，较2015年同期增长34.7%。人人网表示这一增长的背后其实是因为旗下我秀直播和人人直播的收入，显然直播让人人网这一老牌社交网站重新焕发活力。人人网通过借助视频直播平台实现内容消费，这充分说明人人网已经将内容进行商品化，从而达到了经济效益提升的目的。

4.具有故事空间

直播内容有故事才能吸引受众，直播内容故事有空间，直播发展才有空间。因此，有故事空间的内容才拥有更具价值的IP。

以BIG笑工坊旗下虚拟卡通主持人“唐唐”为例。唐唐的原型是《西游记》中去西天取经的唐僧，这就使得“唐唐”本身自带故事，即自带IP，然而主持人“唐唐”在直播的过程中偶尔会插入类似于这样的开场白：“话说唐僧师徒去西天取经……”这样就让唐僧取经的故事得以延伸，使得故事更具空间，从而使得唐唐直播内容更具价值。

5.富有价值观和哲学

时代在变迁，人们所感兴趣的事物也随之发生变化。但是无论如何变化，人们的价值观和哲学是永远不会改变的。因此，往往那些富有价值观和哲学的事物才能经历时间的冲刷和洗礼之后依然可以活下来，而不会因为时代的变迁和大家兴趣爱好的变化、呈现形式的变化而“死掉”。一个真正具有开发价值的IP应当包括表现形式、流行元素、故事引擎、推动故事发展的朴实元素、核心价值观。

就主播来讲，直播内容中的价值观、文化和哲学将是其直播成败的核心部分。因此，做直播并不是主播口才好、颜值高就能成为“长红不衰”的主播，而是需要花费很多时间和精力用于富有价值观和哲学的直播内容

构思和打造以及向用户呈现。当然，故事中融入文化、价值观、哲学、道德，这才是呈现在广大用户面前的最具价值的直播内容。这样更容易让受众群体产生共鸣，使每个人都能从中有所领悟。

6.不超越底线

网络直播成为当前的一种创新性传播形式，因此为那些有明星梦的人提供了圆梦舞台，但是在直播快速发展的过程中，各种内容问题不断出现。因此，为了加强对互联网直播服务的管理，《互联网直播服务管理规定》在2016年12月1日正式施行，从而对直播乱象进行严格的监管。这样那些内容超过底线的直播则再无生存机会。因此，任何事物的发展都必须以正确价值观为依托，以优质内容赢得用户、赢得未来，这才是直播内容定位的正途。

综上所述，直播内容的定位需要在以上几个条件的基础上才能真正实现内容价值从0到1的提升，这也是“直播+IP”商业定位的核心内容。

07 第七章 “直播+IP”互动设计

新时代IP为了保证其长期的衍生能力，互动是不可或缺的，也是实现“直播+IP”的商业模式的变现途径。因此，需要在直播开发IP的过程中留出充足的创作余地，做好衍生品和商业化收入模式的前期规划。

内容能主动发酵

在互联网高速发展，特别是智能手机大行其道的今天，社交媒体已经逐渐渗透到人们的日常生活当中。而直播作为一种优质的互动手段，也逐渐成为一种标配。如果说，发迹于秀场、游戏领域的直播是移动互联网市场上的一匹“黑马”，造就了“网红”这一类特殊人群，那么今天，在玩法上不断推陈出新的直播，已经成为能够撼动整个移动互联网产业格局的“杀手锏”。但是，无论如何发展，IP为王是直播取得成功的关键，而内容能够主动发酵，则是直播IP能够持续获客的关键。

当前，网络直播异常火爆，是因为这种方式是与互联网经济的基本特征非常吻合的，即具有参与感和即时性。虽然直播平台载体是不错的，但是直播内容却良莠不齐。从整体上看，不少诸如整容、发呆、暴吃等毫无实际意义可言的内容逐渐让越来越多的用户不愿为其买账。要知道，任何互联网产品都有其生命周期，从长远来看，一旦用户产生了审美疲劳，那么在网络直播领域出现优胜劣汰的情况也是必然的。

当观看用户脱离了毫无意义的直播内容而更加趋向新鲜感时，网络直播要想生存，仅仅凭借一定的内容还是远远不够的，还需要内容能够主动发酵，引起更多用户的关注和讨论，这样才能聚集越来越多的用户前来围观，进而形成庞大的粉丝群，推动直播IP的快速传播。

2016年12月，天津某眼科医院在各直播品台上对ICL警惕植入手术的全过程进行了一次全景直播。然而，这次直播引来了众多围观用户的关注，并且还发起了一篇关于“手术直播靠不靠谱”的投票贴，吸引了广大围观用户的参与互动。仅仅在活动发起的3天时间里，就获得了1104位用户的围观和投票。根据投票结果和参与讨论的结果调查显示，有80%的前来围观的用户对该医院的创举表示赞同，认为这一直播内容对于人们了解手术起到了积极的作用。当然，这也从另一个方面体现出广大围观用户对于医学认识的进步。

该直播不但选取与人们生活息息相关的健康医学手术作为直播内容，同时还开辟了6项讨论话题，包括“增强患者信心”“了解手术流程”“影响手术流程”“泄露患者隐私”等。广大围观用户也主动发起话题讨论，部分网友提出“直播影响手术室除菌性”，为此，该医院的主刀医生前来解答相关疑问，表示“在一台手术中，几个人可以进入手术室是有明确规定的。严格遵循相关规定，是我们手术直播的前提。此外，直播人员进入手术室前，都已经过严格的消毒除菌的。”

此外，还有诸多围观用户对于“直播是否会影响手术流程”展开了热烈的讨论。不可否认，此次手术直播内容本身就具有一定的发酵潜质，再加上广大观看用户对于手术流程都感到好奇，因此自然会让整个直播内容能够引发出更多的话题讨论，形成持续发酵之势。

那么如何才能很好地实现内容主动发酵呢?

1.内容聚焦民生生活

民生生活是与每个人息息相关的一部分，因此，直播内容能够聚焦民生生活，本身就自带“吸引力”，而且对于民生生活来讲，尤其是像吃、穿、住、行、健康、安全等，更是人人熟知且关心的话题内容，因此这些与民生生活相关的话题作为直播内容更容易引起进一步发酵，进而随着讨论范围的扩展形成更加广泛的内容传播。

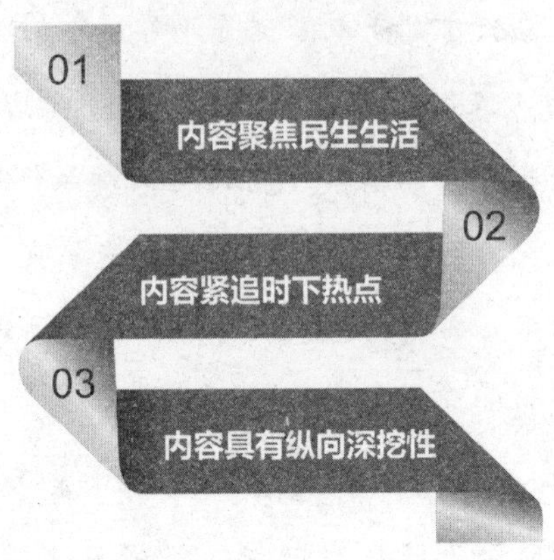

2.内容紧追时下热点

在互联网时代，最不缺乏的就是热点话题。热点话题本身就拥有一定的讨论热度，带有一定的讨论延展性，单以微信、微博就不难发现，其中充斥着各种各样的当下最流行的微话题，也是引发评论和点赞的最多领域。对于直播内容而言，同样应当注重紧追时下热点，以此来进行话题内容的进一步发酵。

3.内容具有纵向深挖性

直播内容能够主动发酵的关键原因在于其本身蕴含着更多深层次的内容可以供大家进行纵向深度挖掘，就像是前边说的医院手术直播，本身就自带很多话题，能够引发持续的内容发酵。假如将直播内容换作直播吃食物，能够给围观用户呈现的仅仅就是主播不断地大吃特吃，由此唯一给用户带来的感觉就是类似“好能吃”这样肤浅的视觉体验，并不会形成更多的内容挖掘。

总之，在当下这个IP时代，直播要想凭借内容至上来突出体现直播IP中所蕴含的商业价值，与民生生活有关的内容、有益于大众获取知识的内容、能够传播正能量的内容要远比一味庸俗、低级趣味化的内容更加有“料”，更加容易引起用户主动发酵。否则，直播最终只能是死路一条。

创新增加用户黏性

2016年可以说直播行业为我国的互联网史留下了浓墨重彩的一笔。然而，在经过野蛮生长之后，直播平台间的格局也逐渐明朗化。映客直播平台和花椒直播平台成为人人直播时代的“双寡头”；一直播背靠微博和明星这两棵大树获得了巨大流量；陌陌凭借“直播+社交”模式在2016年盈利颇丰；斗鱼、熊猫在继续夯实游戏直播业务以外，也开始发力泛娱乐领域。

然而，进入2017年，随着国家监管的严格把关，直播领域将发生剧烈的变化并进入一个全新的时代。以往那种仅仅凭借颜值和随便唱几首歌就能成为直播网红的时代也即将过去。

映客直播平台的一名主播坦言，自己平常主要是直播模仿歌曲演唱，从2016年2月份到2017年1月初，不到一年的时间就赚得了80万元的收入。并表示在刚开始做直播的时候，观看的用户和粉丝涨势凶猛，但是到了2016年年底，很明显粉丝数量不增反减。然而，这种感觉不是只有这位主播才有，很多主播都感觉到主播行业逐渐趋于职业化，加入直播平台的主播越来越多，在很大程度上将有限的流量池资源进行“瓜分”，因此“粥少僧多”势必会导致每位主播能够获得的粉丝数量相对减少。

在这种情况下，要想在竞争更加激烈的直播领域能够不被淘汰，进而通过互动争得更多的用户和粉丝，唯一的出路就是创新。

在当前这个人人消费的时代，已经不仅限于实体物质的消费，人们已经逐渐将目光转向了能够满足其情感需求和价值认同的内容消费。这既是一种消费升级的社会需求，同时也是一种彰显消费者个性化品味的消费符号。因此，无论是提升外在还是修炼内功，内容消费已经成为品牌与消费者之间进行沟通的一把利器。

“直播+IP”就是一种全新的内容消费模式。这种模式下的消费已经超过了原有的单一的、毫无意义可言的、长时间容易给人带来视觉疲劳的直播方式。然而，这种模式也将在不同阶段呈现出不同的形式，这是适应时代发展的要求，同时也是能够不断实现创新性互动增加用户黏性的内因。在进行“直播+IP”互动设计的过程中，一定要基于以下几个方面进行创新：

“直播+IP”互动设计的创新方向

1.借助品牌年轻化“圈粉”

无论是主播用户还是观看用户，都定位于年轻化群体。因此，“直播+IP”进行互动设计的过程中也应当以年轻化为导向，这样才能让主播用户和围观用户在进行互动的过程中能“玩得开”，进而推动直播IP品牌的形成。所谓"物以类聚，人以群分"，能够进行强互动，必定能够加强双方之间的关系，因此基于直播品牌IP年轻化的互动方式必定能够大批"圈粉"。

2.和用户进行深层次互动

年轻人是观看用户中的主力军，因此，直播IP围绕年轻人的兴趣和喜好来进行直播，就必不可少地需要以青春活力、有梦想的内容来迎合年轻人的兴趣。然而这些内容一定要有更深层次的互动性，要知道，能够围绕用户兴趣和关注点的内容才更能引起用户积极互动的意愿，进而增加用户黏性。

3.价值的内容生态化

直播一味地以某种单一的内容形式呈现给广大受众，开始能够凭借受众对其的好奇而前来围观，进而对直播内容表示欣赏。但是时间久了之后，这种单一的内容形式便会让人产生一种内心的疲倦感，这样，用户和粉丝量下降也是情理之中的事情。丰富多样的直播形式往往能够给受众带来新鲜感和感官上的冲击力，进而对下次直播会以什么样的内容风格出现而产生强烈的期待感，这样势必会吊足受众的胃口，进而使其更加愿意追随直播内容，从路人一步步转向粉丝，并最终成为"铁杆粉"。

NOW直播作为腾讯官方出品的移动直播平台，是一个典型的移动化、个性化、社区化直播平台。社区是腾讯的强项，用NOW直播的用户可以使用QQ、微信的方式登录NOW直播并且分享到相应的平台上，通过社区不仅可以提升用户在NOW直播平台上的交互性和访问量，同时还可以选择不同的话题内容作为直播内容，从而实现用户和内容进行更精准的匹配，达到有效增加用户黏性的目的。另外，在NOW直播平台上，用户可以将优质的线下内容搬到线上，进一步加强在线直播内容建设的优化，建立起内容生态。

总之，虽然直播是当前新时代下的一种新生媒介，但是直播IP要想吸引用户、增加用户黏性，同样需要和自身品牌定位相符合的内容和直播资源。对于品牌来讲，直播营销与其他平台相比更加需要创意、策划和资源筛选，这也是进行“直播+IP”互动设计的重要方向。

保证IP的长期衍生能力和再创性

超级IP之所以能够长期流行，关键在于其具有足够的衍生空间，能够被解释、被引用、被持续创作。因此，如果内容能够持续发酵是"1"的话，那么保证直播IP具有长期衍生能力和再创性则是"1"之后的"0"。

在这个内容创业的大浪潮中，内容变现可以分为三个层次，即顶层：头部内容；中间：中间内容；底层：长尾内容。

1.顶层：头部内容

所谓头部内容就是指那些能够获得较好口碑和影响力的爆款优质内容。一个直播平台，如果拥有一款优质的头部内容，那么便可以撑起整个平台的品牌和流量，因为头部的优质内容能够在直播过程中所产生的爆发力是不容小觑的。在当前这个时代，受众的耐性越来越差，主要流量都被头部内容所吸引，因此头部内容商业化更为容易。如果说互联网内容领域是一种二八原则，即20%的内容用来吸引80%的流量，那么在当前这个直播IP化时代，小于20%头部内容所能够吸引到的流量已经超过了80%。

然而，头部内容总是少数的，但当下，基于不同的内容特征以及背后的价值观，已经形成了一个个圈层，并且圈层之间的割裂使得圈内价值观实现了共鸣和强化。这样就使得头部IP的门槛被降低，而圈层内可以被影响到的用户以及分散化的IP遍地开花。基于此，使得那些因内容而聚集的用户自然就成为了精准用户，在对这些精准用户进行长期不断的深挖之后，最终使得直播IP的变现价值空间更大。

因此，我们可以说，当头部内容所吸引的围观粉丝量达到了百万级别，那么直播IP所呈现出的商业价值将是不可估量的，并且这个头部内容将向更加广泛的领域延伸，如脱口秀、时尚达人、电竞主播、文艺网红等，其表现形式也会以人为主的直播方式向更多形式发展，如虚拟形象直播形式、品牌化内容直播形式等。

这里举个简单的例子。电影《星球大战7》虽然在国内只拿了7亿元的票房，而《美人鱼》则高达34亿，但是就其所拥有的IP而言，《星球大战7》起码是《美人鱼》的一百倍。其原因在于《星球大战》可以不断拍续集，而且可以同步发行小说、游戏以及其他周边产品，其可衍生性要远远超过《美人鱼》。从这里可以看出，《星球大战》较《美人鱼》而言，更具头部内容优势，随着二次分布，这种头部内容会随之进行大幅度的流量变现。之所以能以不同的形式实现流量变现，关键在于《星球大战》的头部内容已经深得观众的芳心，即便是从影视领域转换为游戏、小说领域，其头部内容能够触及受众的内心并形成共鸣，这一点是不会改变的。直播头部内容实现流量变现同样是这个道理。

由于当前头部资源还比较缺乏，为了争夺头部资源，主播们也需要投入大量的资金、人力、物力去挖掘。

2.中间，中间内容

中间内容也可以认为是直播内容的中坚力量，往往是单纯的在某些直播领域拥有较好的内容。维护好中间内容，则可以推动直播IP的持续变现。

3.底层：长尾内容

长尾内容也是可以实现变现的，当前在直播领域，这种长尾内容的变现能力已经得到了初步的验证，但目前大部分的长尾内容都是以颜值为导向的秀场模式，如才艺表演等。

基于以上三个直播内容变现层次，关键还是要注重头部内容的打造。但是头部内容固然重要，要想使头部内容能够长期吸引广大受众用户的关注和喜爱，并聚集更多的流量，关键还在于保证直播IP的长期衍生能力和再创性，这也是保证头部内容能够持续变现的重要方法。

在当前互联网时代“短平快”的特点下，如果不进行快速更迭和创新，那么产品将很难在竞争激烈的市场中占领一席之地，更不必说成为同行业中的“霸主”。直播领域亦是如此。

一般消费品市场往往是IP价值发展的衍生商机。但是IP向一般消费品的延伸不仅需要一个有识别度的IP，还需要文化产业跨界的系统运营能力。然而，从IP文化产业到一般消费品的创新和衍变，其实是一个量变到质变的过程，其背后支撑是粉丝的价值观和认同感。当然，直播IP品牌化可以延伸到其他领域，但一般消费品是IP品牌化的最好体现，也是直播IP价值变现的最佳途径。

要想让直播IP具备长期衍生能力和再创性，就需要在直播IP开发前就能够在影视、游戏、出版物、衍生品等多种媒介形式留出充足的创作余地，并且做好衍生品和商业化收入模式的前期规划。新时代直播IP更需要具备超强的传播能力，就需要将直播的IP元素在个性化产品领域进行授权，从而让IP的衍生品能够触及更多的受众，进而达到直播IP持续吸引流量的目的。

2016年6月，腾讯旗下的NOW直播和即将开机的电视剧《择天记》联手，NOW直播为《择天记》专门定制了直播礼物，为《择天记》进行造势，这种方式将会被用于未来NOW直播与所有的IP合作中。其实NOW直播为《择天记》定制的这款直播礼物实际上就是IP周边产品在直播平台上的延伸。《择天记》可以在NOW直播平台上通过礼物赠予的方式扩大其IP价值和影响力，从而增加年轻粉丝对IP的友好度，并以此进一步吸引流量。

目前，这种形式的再创和产品衍生虽然不多，但能让直播和优质IP相结合，使用IP元素来设计内容，借助直播平台来传播内容，从而达到粉丝的扩散以及实现品牌IP自传播的目的。

形成以信任值为代表的社交货币

网络直播行业无疑已经成为2016年互联网世界的大风口，直播行业遍地开花，目前直播行业已经拥有超过200家平台，近80万从业人员，从而带来大量资本涌入，有被网民戏称为“国民老公”的王思聪参股的“17”、360推出的“花椒”、多米联合创始人再创的“映客”、图片社区“蜜友圈”转型为“趣播”等，甚至连视频网站也都纷纷转战直播领域。可以说，直播已经在一定程度上改写了包括影视、媒体、体育等越来越多行业的游戏规则。

诚然，网络直播已经进入白热化的时代，IP成为约束和规范直播内容的关键，更是使网络直播能够实现精细化运营、持续发展并能够成为朝阳产业的关键。因此，从内容出发，将更多的资金和经历放在加强内容的原创性、探索内容的多元化以及满足用户需求的差异化，从而提升直播内容的核心竞争力成为必然。当然，提升核心竞争力的目的就是能够聚集越来越多的用户前来围观，并逐渐实现从“路转粉”到“粉转黑”的转变和升级。但这一切都是建立在信任的基础之上的。

这里先看一个商业领域近几年出现的一个非常有趣的新概念——社交货币。罗辑思维创始人罗振宇在跨年演讲的时候也提到过，那么这个概念是什么意思呢？简言之，社交货币就是利用人们乐于与他人分享的特质塑造自己的产品或思想，从而达到口碑传播的目的。

自我分享通常是贯穿于我们的生活中的，当我们有任何新鲜的事情发生，或者接触到任何新鲜的见闻，我们都会将其分享给周围的朋友、亲人等。这种共享思维、观点和经验的意愿已经成为社交媒体和社交网络中的一种流行元素。甚至是自己的所想、所爱、所需也都会成为共享的内容。

现在我们再回到直播IP上来。当直播品牌或直播IP能够凭借其自身的故事、价值等元素受到受众群体的喜爱和青睐，并逐渐成为人们的谈资的时候，这已经表明直播IP中所蕴含的价值观、人生观使网红主播已经从围观用户的心智中走了出来，成为这些围观用户与别人聊天或在社交媒体上进行口口相传式分享的话题，直播IP已经成为他们表达自己情感、展现个人喜好的一个重要标签。

用一个简单的图示来说明下“社交货币”与“谈资”和“共同话题”之间的关系，如下图所示：

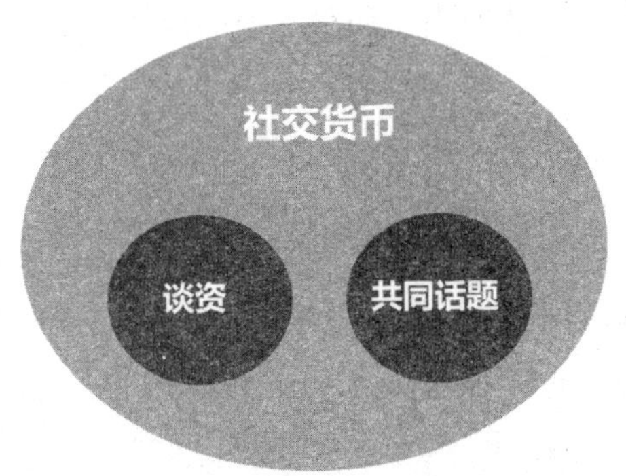

实际上，社交货币则从更全面的角度对人际交互的特征进行了概括，帮助我们更好地理解社会网络之间的流通特性。那些能够买到别人关注、评论、赞赏的事物都可以称为社交货币。网络直播IP如果希望通过获得受众群体的关注、评论、打赏，就需要从六个维度对直播IP的社交货币进行测量：

1.归属感

归属感，即直播IP能够使多少比例的用户拥有归属感。直播IP在进行设计的过程中，需要主动地为用户创造互动的机会和场景，以此来建立用户的归属感。

评估直播品牌社交货币价值的六个维度

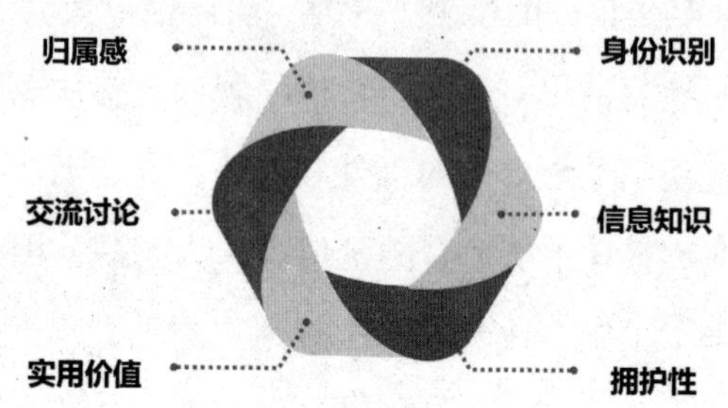

2.交流讨论

交流讨论，即这些愿意为直播IP“买单”的消费者中发起直播IP相关讨论的人数占总围观人数的比例是多少。交流讨论往往能够使主播与用户之间形成良好的互动，从而为互动双方提供额外的观点和看法，有效提升直播IP的价值。

3.实用价值

实用价值，即有多少受众在和其他消费者的互动中获得了实用价值。所谓实用价值强调的就是直播IP对人们的日常生活能够产生一定影响。如果具备这个特征，那么直播IP则能通过增强人们的社交互动来创造实用价值。

4.拥护性

拥护性，即有多少受众愿意成为直播IP的“死忠粉”。“死忠粉”的特点就是不遗余力地向他人推荐我们的品牌，因此，“死忠粉”的数量多少直接影响直播IP的价值传播速率。

5.信息知识

信息知识，即有多少受众感觉他们能与其他消费者进行有效交流。很多时候，用户对于我们的直播IP了解的信息越多，则越能体现其所涉猎的知识更具广度和深度，这样在与其他人分享其真知见解的时候，往往能够买到对方的好印象。而这就要求在进行直播IP设计的时候，一定要使其拥有或涵盖更具广度和深度的信息知识。

6.身份识别

身份识别，即网红主播能够有多少用户能够识别出其他用户。直播IP不仅需要给用户一个身份象征，而且还要从这个视角来考虑：为直播IP"买单"的用户是否在日常生活中能够识别出其他用户。

举个简单的例子。如果直播IP是以财经为主题，那么势必会吸引众多对于日常理财投资以及从事理财投资、信托、期货、基金等的专业人士前来围观，而这些用户在日常交谈的过程中往往从其交谈的内容中就很容易让人识别和判断出他们是对财经方面感兴趣或比较专业的人。

总之，2016年直播行业进入爆发后的快速增长时期，要想借助直播IP吸引更多的用户，还需要将直播内容更加广泛地联系到人们的日常生活、工作、娱乐休闲、专业知识等诸多领域，并由此形成以信任值为代表的社交货币，这样才能进一步引起互联网流量入口端的变革。

寻找更多的商业变现途径

在当前这个泛娱乐时代的背景下，以往各自独立的文化创意细分领域逐渐开始变得融会贯通。而实现这一点的关键便是IP。

直播作为泛娱乐时代的一个分支领域，同样具有文化创意融会贯通的特点。加之直播本身具有实时性、互动性特点，使得越来越多的企业和个人加入并壮大直播行业。直播平台中既有草根明星，又有娱乐明星，他们在直播中不仅要展示自己，更重要的是讨好观众，与粉丝打成一片。这样就极大地缩小了粉丝和明星之间的差距，不但能够巩固原来的粉丝，还可以吸引新粉丝的加入。况且这些粉丝看直播是免费的，为了更好地表达自己对主播和直播内容的喜爱之情，他们会选择付费的方式来打赏和支持这些主播。

如果说这些草根明星或者娱乐明星属于IP，那么直播就是把他们的IP价值放大化以及实现变现的一种行为。

然而，直播IP的价值就在于能够实现盈利。因此，直播IP的商业化非常重要。即便是超级IP，如果不能走上商业化道路，不能获取人力、物力的投资进一步开发相关新产品，最后达到实现价值变现的目的，也会最终被埋没在无数的IP海洋中。IP实现价值变现的路径是：积累粉丝→打造粉丝喜欢的产品→提供相关服务获取收益。

以互联网知识领域非常热的一个IP——罗辑思维为例。罗振宇创建的

罗辑思维实际上走的就是一种IP价值变现的商业化道路。他做的第一件事情就是快速积累粉丝，招募了一批自愿付费的会员作为自己的“死忠粉”。当粉丝数量增加到一定规模的时候，就会为粉丝打造他们喜欢的产品：视频节目、罗胖每天早上微信号语音推动、优质文章等。到目前为止，罗辑思维已经在天猫和微信上开设了自己的店铺，通过直接买产品来获取巨额收益。

罗振宇的罗辑思维变现方式仅仅是众多IP价值实现变现中的一个典型代表。自然，直播IP的价值变现同样适用于这条变现路径。具体来讲，直播IP实现商业变现的途径可以有以下几种：

直播IP实现商业变现的途径

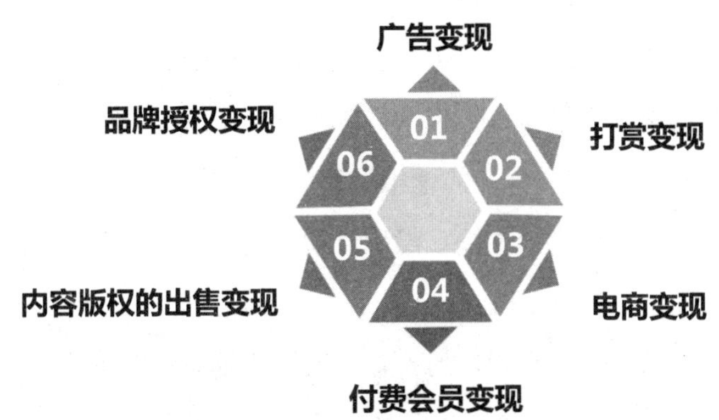

1.广告变现

当直播IP凭借其高价值在平台上聚拢了大批粉丝和用户的时候，做广告自然是水到渠成的事情。因此，现在不少网红的直播页面下就不断地有广告植入，以此来吸引直播用户购买广告产品。而作为直播IP的创造者网红主播来讲，则通过寻求合作伙伴进行广告植入的方式实现直播IP间接性变现。

这一点，在前文中也讲过同类变现案例，即2016年“双十一”天猫与映客直播平台合作，映客为天猫组织50场直播，而天猫则为映客付出千万元的广告费。当然，这些广告费一部分是由映客直播平台收入囊中，但是还有一部分则由那些凭借自有的直播IP能够吸引众多粉丝的网红直播赚取。映客不少主播当天参与到“双十一”的导购中，使得直播用户因为对直播IP的喜爱而开始关注“双十一”活动或品牌。这种广告植入的方式无论对于天猫还是对于品牌，抑或是对于网红主播来讲，都是一种很好的变现方式。尤其对于网红来讲，更是基于直播IP而获得额外收益的价值变现方式。

2.打赏变现

打赏的形式自古有之，可以说是一种延续上千年的行为。在过去，打赏的场景大多发生在戏班、剧场、路边表演等。但是即便是这些古老的打赏场景中，依然能够看到一点共同特征：实时互动。基于这一点，即便是网红明星也同样需要近距离互动，才能由参与感而产生打赏的冲动。

在传统的直播秀场里，大量的打赏动作都是通过道具完成的。围观用户用人民币购买直播平台上的虚拟货币，然后用这种货币购买不同的道具，并将这些道具打赏给主播。然后直播平台会根据相应的比例将这些道具转换成人民币，返给主播。

然而，能够获得围观用户的打赏，关键还是要建立在具有一定价值的IP基础之上，否则没有价值直播内容，用户是不会买账的。

TFBOYS在2016年6月—9月，在美拍做了四次直播。在此期间创造了众多热议话题，并与粉丝进行唱歌、舞蹈互动。据不完全统计，仅四场直播就吸引了2860.5万人前来围观以及26.23亿次点赞量和2980.7万次评论数。仅在第一次试水直播的时候，通过在直播过程中与粉丝进行了不到一小时的互动，就获得了将近30万道具打赏的收益。可以说，TFBOYS本身自带IP光环，他们的这四次直播就是粉丝经济下直播IP通过打赏变现的经典案例。

3.电商变现

直播是一种立体的展现直播内容的一种形式，不仅可以很好地增加观看用户的消费冲动，而且可以通过立体展示实现即时交流，并促进下单率的最大化。同时直播IP与品牌通过直播的方式展现其风格与态度，也可以达到有效“吸粉”的目的，从而增加用户的好感度。要知道，做电商最重要的两个方面就是互联网的访问量和用户的转化率，而直播作为一个创新营销方式，不但可以借助自有IP将直播粉丝转化为店铺粉丝，还可以通过视频展示的模式促进围观用户的下单量，同样可以达到提升从粉丝到消费者的转化率。

4.付费会员变现

拥有一定粉丝基础的直播IP自然能够源源不断地吸引更多粉丝和用户前来围观，因此，这就为付费会员观看以及问题回答等变现方式提供了实现的可能性。

在红豆Live直播上，用户可以享受与市场上其他主流视频直播产品不同的体验。主播在该直播平台上可以通过语音切入的方式，实现内容直播。在进行直播的过程中，主播可以上传图片、PPT等素材，用户可以通过评论区留言、赠送礼物等方式进行互动，还可以通过付费的方式向主播进行提问。甚至主播还可以发起付费直播间，主播为直播IP进行定价，用户需要购买准入“门票”后才有参与资格。

5.内容版权的出售变现

目前，广告、打赏、电商是实现直播IP价值变现的主要方式，也是常用方式，但是内容版权的出售也是一种很好的变现方式。因为，直播IP自然是隶属于IP范畴，音乐IP、影视IP等多领域作品可以通过内容版权出售的方式实现变现，那么直播IP自然也可以。

6.品牌授权变现

品牌授权同样是一个很好的直播IP变现途径。在当前这个IP为王的时代，IP作为一种数字资产，单个IP最高价值已达上千万，因此，IP具有不可估量的市场前景。判断一个数字产权所具有的市场前景，可以根据粉丝基础、开发价值、行业数据、发展可塑性等进行综合性评估，这些参考因素往往具有稳定性，因此其拥有的授权价值也是相当明显的。基于这一点，将直播IP进行品牌授权，将会有非常强大的变现潜力，并蕴藏着巨大的商机。

第八章 “直播+IP”的五个运营维度

每一个直播IP都要经过全方位、全流程、多媒介商业定位和互动设计之后才能进行有效的运营。这也是一个成功直播IP在经过创作之后得以成型并受到广大受众青睐的必经环节。“直播+IP”需要经过用户、打赏、思维、生命力、多元化五个维度进行运营，才能使得直播IP的价值实现最大化。

用户：用运营凝聚核心受众

当前，直播行业发展得风生水起，在资本市场上，各大企业纷纷投入到移动直播战场上，以期分得一杯羹，腾讯、新浪等大佬们也纷纷将重金投入到直播领域。同时，素人、娱乐明星以及草根网红如Papi酱等也都转向移动直播。这一切都表明，一个全民移动直播时代已经到来。

做直播，关键是由大批粉丝拥护，配合良好的运营方式，才能在这个竞争激烈的全民移动直播时代获得持久的发展和长久的生存。因此，用运营凝聚核心受众是一个直播能够取得成功的关键。

凝聚核心受众的关键

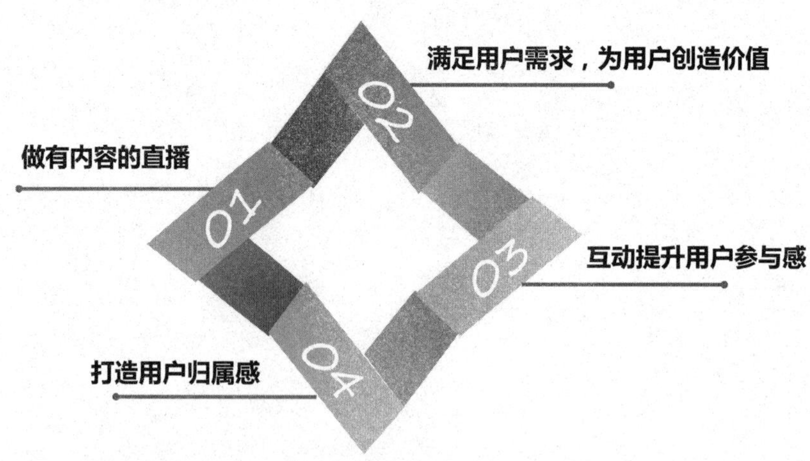

1.做有内容的直播

当前做直播仅仅凭借颜值就想玩转粉丝经济已经行不通了。在人人谈论IP的时代，IP已经深入并渗透各个领域，直播同样不容忽视。没有IP的直播犹如没有灵魂的躯壳，看似完美，实则没有多大存在的意义。

一个成功的直播背后必定有一个成功的IP，这是能够大规模聚粉的核心要素，特别是由IP独特的设定形成的核心受众，这些受众的聚合，在互动中又可以形成IP的亚文化群体，最终反哺IP产业链。

电视直播与以往电影单一的过去时空相比，其涵盖的时空既有现在时又有过去时，而网络直播除具备电视的两大时空之外还具有压缩时空的功能。在这一点上，类似于同步的文字直播、图片直播、赛事直播、手机直播和比分直播等等各种直播频道和样式。随着社会的发展以及科学技术的日新月异，直播的出现给人们所带来的巨大经济效益，已经让人们充分认识到直播的价值所在，通过借助直播实现商业价值的变现，不但可以加快信息的传播，更重要的是可以大幅减少成本。

对比早前的视频直播，很多人认为人人可以直播，其实运营方式很简单，因此往往采取的是颜值吸粉的方式，然而这种直播却在短时间内落得昙花一现的结果，虽然在一定程度上满足了受众的视觉需求，但这种同质化的直播形式却没能够借助特定的专长技能、专业知识等为受众的思想和知识等方面做出任何改善和提升，自然而然的便会随着时间的推移而逐渐被人们所淡忘。要知道，唯有别具一格的、能够让人们的思想得到升华的东西才能真正深入人们的脑海，烙在人们的心中。而IP就能做到这一点。因此将直播IP化是能够吸引广大受众，并愿意成为“死忠粉”的重要方式。

以ME直播为例。ME直播平台在当前直播竞争激烈的阶段开始寻求一种更好的出路，从而提升自我竞争力。因此，抢先拿下了鹿晗演唱会的视频移动直播权。在鹿晗演唱会当晚，ME直播创造了10分钟内180万人同时在线观看，点赞数超过10亿的流量记录。当天百度指数飙升到3万，微博24小时热度排行第一，获得了10亿阅读量、200万次讨论。鹿晗强大的粉丝影响力为ME直播平台带来了大规模的粉丝和用户。这些数据证明，ME花巨资投资明星，认准了明星作为巨型内容IP会给其带来巨大的粉丝量。最终的结果证明，ME认定的“做有内容的直播”是一种正确的发展道路。

然而，直播内容的挖掘并不限于目前市场上可见的形式，其实移动直播内容还有很多形式。ME直播平台将明星演唱会作为一个场景，这种直播场景下明星本身自带IP，因此可以作为一个很好的直播IP来吸引用户和粉丝。与明星IP相类似，赛事直播、新闻资讯专题报道直播、电影电视的宣传直播等，其本身实际上同样自带内容，其潜力非常可观，可以进行深入挖掘。

2.满足用户需求，为用户创造价值

来自《2016年视频直播用户分析报告》的数据显示，当前用户观看视频直播的主要目的是为了放松心情和打发时间；其次是将直播作为跟随潮流和关注喜爱主播的途径。观看直播的动机可以归纳为休闲需求、兴趣需求、价值需求三个方面。目前用户的休闲需求是观看直播的主要动机，兴趣需求居于辅助地位，而价值需求强度还较低，伴随着直播内容的发展与升级，三个需求层次的地位将出现一定的变化，价值需求的地位将上升。

下图是2016年我国视频直播用户观看直播动机比例：

2016年中国视频直播用户观看直播动机分析

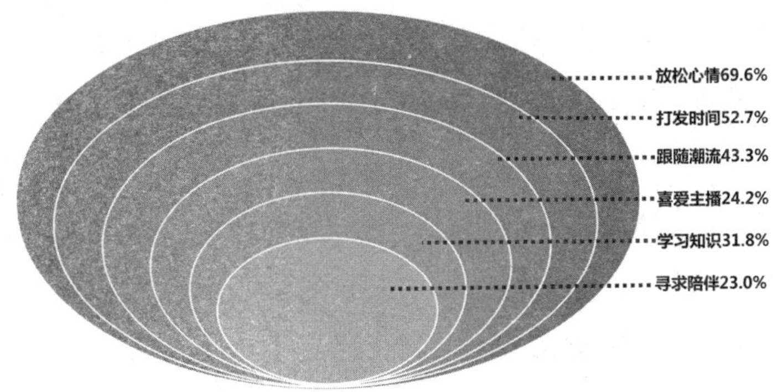

从以上调查中，我们不难看出，在未来，价值需求将成为直播用户的主要需求，因此，直播要想满足用户的需求，还需要从满足用户的价值需求入手，为用户提供更有价值的直播内容，才是实现大量聚粉的一种趋势。

3.互动提升用户参与感

要知道，当下是一个“粉丝=流量=商业价值”的时代，因此注重用户参与感的营造，是直播能够赢得粉丝、实现直播IP商业价值变现的基础和关键。

从产业的维度来看，“用户”是运营出来的，缺乏有效的互动，即使形成了亚文化群体，这一群体的聚合力也是令人堪忧的。直播作为一个可以与用户面对面的平台，就为与粉丝互动提供了很好的条件，这样就使得粉丝在整个直播的过程中能够充满参与感，有效增强了粉丝对于直播IP的黏性。

4.打造用户归属感

作为直播的粉丝，往往不仅仅是因为对主播的崇拜而成为一名粉丝，更重要的是对直播IP的认同，是某种话题、事物等让粉丝聚集在一起，形成一个圈子。这时候，粉丝已经不再是被动消费群体，而是主动出击，在志同道合的圈子里畅所欲言，共同提升他们参与直播IP建设的积极性。

在这个圈子里，粉丝们得到了一种归属感，在无意中充当了直播IP的宣传员，心甘情愿地做无偿推广。原因其实很简单，他们热爱这个IP的理念或产品，热爱主播的人格魅力。这已经成为他们生活中的一部分，也成为他们情感的一部分，而作为直播IP的创始人，作为主播，需要做的就是不断强化粉丝的归属感。

总之，“直播+IP”的运营过程中，优质直播内容是基础，在此基础上进行价值创造来满足用户需求，并通过强互动来提升用户参与感和归属感，是有效获取核心受众的最佳途径。

打赏：投入产出比是核心

当下，似乎是个人能力最容易变现的时代。基于IP的网络直播日渐兴盛，只要动动手指，就可以向手机屏幕对面的用户展现自我能力，并通过用户打赏的方式实现直播IP价值的变现。无论是对于主播来讲，还是对于围观用户来讲，这种打赏的方式都能够使双方获益。一方面，主播可以通过打赏的方式获取一定的收益；另一方面，围观用户可以借助打赏方式满足自我价值需求。因此，直播的打赏功能已经成为一种投入与产出的双向互动形式。

以往，在微信、微博中，用户往往可以对自己喜欢的文章内容进行点赞。而如今，直播领域，更多的是用户对优质内容给予“打赏”，从而表示对优质内容的一种鼓励。实际上，这种自愿付费、双向传递的打赏行为，通过互动的方式给用户带来了一种强烈的参与感，并且把主播和粉丝紧紧地绑在一起，从而形成了一种以主播—直播IP—用户为核心的新型社交关系。

前面我们也讲过，打赏是一种实现直播IP价值的变现方式。因此，可以说，打赏既是一种将主播和粉丝捆绑在一起的新型社交方式，同时也是一种有效的价值变现方式。基于此，打赏也是“直播+IP”的运营维度之一。那么具体如何实现直播IP的打赏运营呢？

1.激活隐形的社会契约

我们注意到，从古到今，那些街头卖唱或卖艺的人，都或多或少会得到别人的打赏。这是因为出钱打赏的人会认为这种街边卖唱或卖艺的人是以此为生计的，是一种赚钱的方式，因此久而久之，这种打赏行为便成为了一种隐形的社会契约。

做直播亦是如此。主播通过向用户展现自己的直播IP，从而以此作为一种谋生的手段，这样就会获得用户的打赏。如：为了刺激用户的打赏行为，可以让用户认为自己是以直播为生，直播就是自己的一项职业。“辞职了，全职做直播，就靠直播吃饭了。”这样的话语自然在一定程度上激活隐形的社会契约，用户也自然会为主播的直播IP提供打赏。

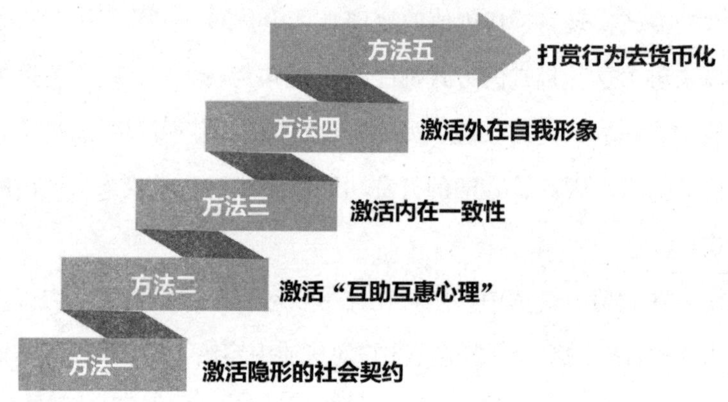

2.激活“互助互惠心理”

无论街头卖唱还是卖艺，都能在一定程度上给前来围观的路人带来一种身心的愉悦感，这种行为本身就给围观的路人带来了精神上的帮助，让他们更加快乐，为其带来了积极正向的心理体验。

做直播，一方面可以借助直播IP帮助用户提升其专业知识层次、解决各种困扰问题、带来精神上的愉悦以及情感上的共鸣等来满足用户各方面的价值需求；另一方面要让用户明白其提供的打赏是对直播IP的一种肯定、认同和支持，也是对主播的一种精神上的鼓励。这便通过打赏的形式激活了用户的“互助互惠心理”。

3.激活内在一致性

很多时候，人们往往会有一种“从众心理”，即别人都在干一件事情的时候，即便是自己认为这种行为不符合自我判断，也会依然为了保持与大众行为的一致性而放弃个人特有的独立性，而去做同样的事情。

直播的过程中，要想方设法让那些前来围观的用户产生打赏行为，让他们感觉到“不打赏”的行为与其他人的行为是不一致的，这样势必会让“不打赏”的用户认为自己不“随大流”，会让别人侧目或嘲笑，从而刺激打赏。

需要注意的是，这种刺激方式是一种负面情绪刺激，在短期会取到很好的效果，但是从长期利益来看，这种方式很可能会因为负面情感刺激而让粉丝产生疏远感。因此，这种方式不利于长期使用。

4.激活外在自我形象

我们会发现，去吃饭的时候，如果给服务员的买单的金额超过了实际菜品的价格，而这时候一句“不用找了”，往往有一种将差价作为小费给服务员的意味。但这种打赏举止却能够给该前来用餐的用户带来自我形象上的提升，这样自然也就有人愿意给服务员小费。

这一道理同样可以用于直播。因此，可以说，刺激打赏的另一个方法是：让用户的打赏行为可以给其带来形象的提升和展示。比如斗鱼等平台公开展示打赏贡献值最高的用户，让打赏行为能够互相排名和比较。或者可以通过主播公开感谢这些打赏用户，这样就会让人感觉这位用户是个尊重知识的人，对于直播IP给予了足够的重视和尊重，进而刺激更多的用户产生打赏行为。另外，组建收费的社群或采取会员制度，可以作为一种变相的打赏途径，让“会员”这个更具身份的名称来提高粉丝的个人形象。

5.打赏行为去货币化

任何人，对于金钱的敏感程度会高于其他形式的物品。因此，如果能够降低用户对于打赏成本的感知度，那么将会变相地提升用户的打赏频次和打赏幅度。为此，各大直播平台纷纷将打赏去货币化，通过用人民币换取虚拟币，并购买相应礼物的方式来打赏自己认为有价值的IP直播主播。

如，斗鱼直播平台将“鱼丸”作为虚拟货币来打赏主播，用户可以通过每日登陆的方式来领取“鱼丸”，同时也可以通过充值的方式来换取“鱼丸”。

这种去货币化的打赏方式有效降低了用户对金钱的敏感度：

一方面，用虚拟币代替了实体货币，让人感觉成本降低。通常情况下，人们通常购买商品时花现金支付往往会因为直接看到自己把手中的人民币给了别人，而感觉到了自己的消费行为使得钱包中有一部分资金流失。而使用刷银行卡或者信用卡支付的时候，因为没有看到实体的资金流向别人，而没有产生十分强烈的资金流失感。而这实际上与去货币的打赏方式是一个道理。

另一方面，用户通过自己的努力赚取虚拟币的方式，会给用户在心理上产生一种虚拟币和金钱之间没有太大关联性的感觉。从这一方面讲，也有效提升了用户使用虚拟币打赏用户的频率，增强了用户打赏的积极性。

总之，打赏是一种体现人们复杂心理的行为现象，用户能够对直播内容进行打赏，归根结底还是因为直播内容能够在不同程度上满足其心理需求。但是要想做好“直播+IP”运营，让用户发自内心地产生打赏行为，关键还在内容，只有有料、有观点、有自己独特优势的内容，才能长期吸引用户的眼球。

思维：决定直播IP变现速度

任何事物的运营，都离不开科学、合理、创新思维的运用。决定成败的关键往往在于思维的可变现性。做直播，并不是想象的那么简单，只要一台移动设备，Wi-fi或3G/4G网络就可以实现，而是需要凭借具有智慧、逻辑性的思维做先导，才能实现直播IP价值的变现。

决定直播IP变现速度的两大思维

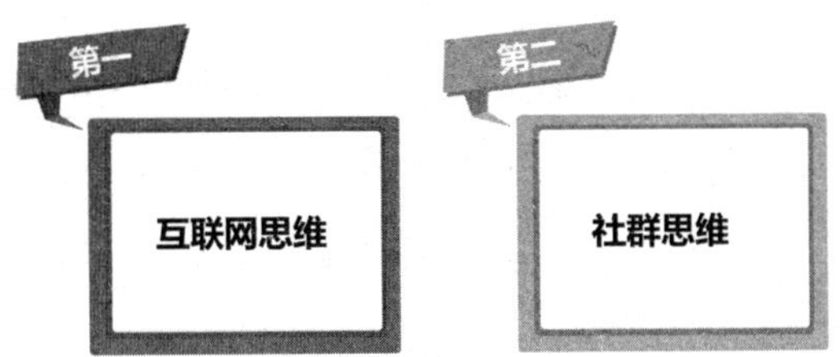

1.互联网思维

互联网思维是激发消费者聚集思维的一种方法。随着互联网的发展，各行各业都被互联网改造甚至颠覆。为什么互联网思维能够实现如此巨大的改变呢？关键在于互联网思维是相对于工业化思维而言的，是一种民主化、用户至上、注重产品与服务的思维。在互联网高速发展的今天，这种思维正改变着全球经济、社会、教育、文化的发展，使得其产品自带媒体属性。

实际上，网络直播也正是借助互联网思维的专注、极致、跨界、快捷等思维方式而出现和发展起来的。其中专注思维包含了简约思维、标签思维、品牌思维等，特别注重的是品牌和规划；极致思维包括产品思维、用户思维、流量思维等，更多的强调产品和服务能够给广大观众用户带来更好的体验；跨界思维包括利益思维、格局思维、社会化思维等，注重的是构建利益新格局；快捷思维包括了平台思维、迭代思维、大数据思维等，其侧重点在于组织形态和核心竞争力。

从本质上讲，网络直播实际上是互联网思维中的一种用户至上的思维。在消费者即观看用户强调主权的数字时代，“见面就是亲，有心就有爱”的用户至上思维已经成为一种商业活动的至理名言。因此，用户思维是互联网思维的核心，要求价值链上的各个环节都必须“以用户为中心”，打造IP相关的话题，让用户参与到直播话题讨论当中，使用户具有归属感、存在感、参与感，其他的思维都围绕用户思维在不同层面展开，从而在宣传和推广上取得事半功倍的效果。

以《太子妃升职记》直播为例。在自制剧领域，乐视的动作完全属于后来者居上。但是，即便是出招有点晚，却能够招招致命。乐视自制剧《太子妃升职记》在没有任何大牌班底以及华丽制作的情况下，仅仅通过个性鲜明的角色和脑洞大开的剧情，将直率、新奇、纯爱贯穿于全剧当中，借助大数据思维精准描摹年轻人心理画像，并瞄准年轻人的心理诉求，使得年轻心理实现了全方位丰满诠释，仅开播10天就成为2015年骨朵红榜第一的霸主。正当《太子妃升职记》还处于炙手可热之际，在2015年12月23日，乐视全球直播联手游戏直播领域的领先者斗鱼开展了跨界直播，围观用户规模突破100万，微博话题阅读人数达到了1.5亿，讨论人数超多15万，并迅速跻身话题热搜排行榜第一名。从百度指数发布的数据可以看到，自从《太子妃升职记》进行直播以来，百度整体搜索指数在27万左右，开创了营销界的神话。

显然，乐视借助斗鱼直播平台对《太子妃升职记》进行进一步宣传与推广，使得《太子妃升职记》的IP号召力为影片积累了大批粉丝，相当于省掉了一笔不菲的宣传费。因此，《太子妃升职记》可以说是“直播+IP”运用互联网思维实现艺术创作综合开发的范例。具体来讲，在互联网思维下，“直播+IP”价值主要是以病毒式营销模式来实现的。

病毒式营销是互联网时代的一种独有的营销方式，在“直播+IP”的宣传推广中发挥着非常重要的作用。病毒式营销具有成本低廉（甚至是免费的），快速获利的特点。无论是个人还是企业，借助病毒式营销实现“直播+IP”的价值，都无需投入大量资源进行营销宣传，而是通过提供有价值的产品或内容，借助直播平台，使用户利用自己的社会人际关系，自发进行宣传和推广。这种“一传十，十传百”的信息扩散方式使得IP向病毒一样传播出去，最后传给数以万计的受众。这种病毒式营销方式是互联网思维下的独特营销手段，受到很多商家和个人的喜爱和青睐。与传统的广告营销模式相比较，病毒式营销的优势是非常明显的，从以下具体图示中可以清晰看出：

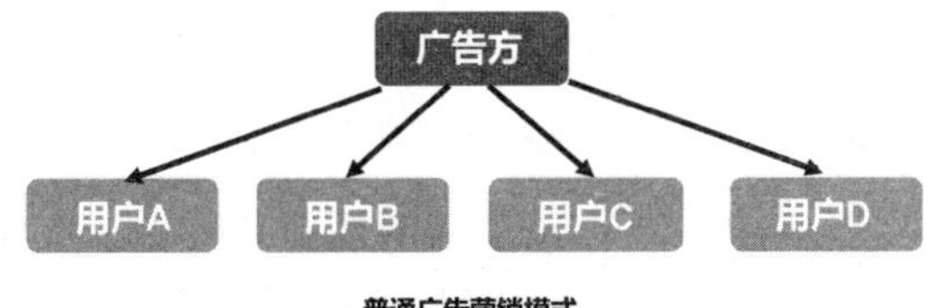

普通广告营销模式

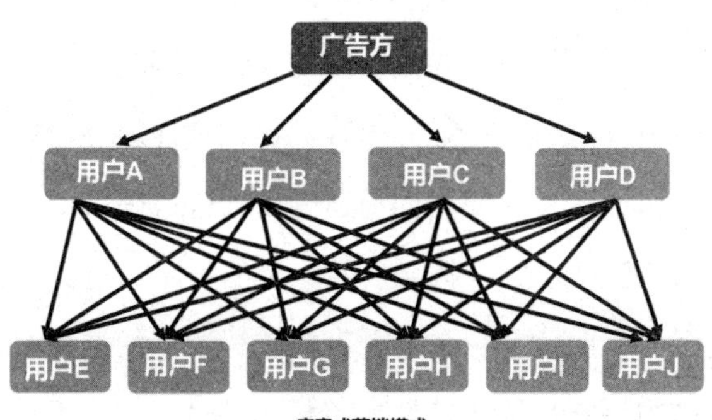

病毒式营销模式

一段直播能够走红纯属偶然的时代已经成为过去式，唯有具有价值IP的直播内容才能获得病毒式传播和分享。事实上，直播+IP实现价值的病毒式传播，其背后的巨大力量就是用户，是一种让用户去营销的思维模式，可以获得免费的宣传力，这也是互联网营销方式成本低廉与效果强大的原因。根据《太子妃升职记》借助斗鱼直播平台实现IP价值体现，我们知道，要发挥借助直播平台发挥用户宣传的力量，关键应当从三个方面做起：

（1）根据受众预期进行直播营销。做营销，首先应当符合受众预期，否则就会起到适得其反的效果。借助直播实现价值IP的最大化，并以此赢得大规模受众，更是这个道理。《太子妃升职记》“借助大数据思维精准描摹年轻人心理画像，并瞄准年轻人的心理诉求，使得年轻心理实现了全方位丰满诠释。”之所以如此，是因为《太子妃升职记》本身面向的群体就是80后、90后、00后的年轻群体；加之直播领域中，大多数的用户趋于年轻化，这样使得受众群体的年轻化得以重叠，因此，就更加容易符合受众预期，能够产生更好的营销效果。

（2）正确看待直播营销过程中用户的互动。用户互动的程度高低与否，实际上能够反映出广大受众对于该直播IP的关注度和喜爱程度。因此，在进行直播的时候，一定要给受众留下充足的互动和参与空间，比如受众之间的相互话题讨论，不论是正面的还是负面的，实际上在这个互联网、移动互联网高度发展的今天，都可以看做是一种流行文化。

（3）给直播营销内容添加标签。在当前激烈的市场竞争中，直播受众的消费选择过程往往是一个寻找认同的过程。因此，在进行直播营销的过程中，要不断为自己贴上一定的内容标签，这样能够很好地把气质相同或相近的受众吸引过来，促使他们对营销IP进行口碑宣传。当受众获得了某项营销IP的标签信息之后，就会引发一定的情绪，进而使得营销内容根据受众个体进行不断地发酵。在借助直播进行营销的过程中，要想维持持续的热度，就必须不断地给予持续的价值IP刺激。但，无论以何种IP进行刺激，其关键都是围绕产品营销而进行。

2.社群思维

社群是基于互联网的新型人际关系，往往将具有相同诉求、具有某种情感共鸣、具有某一相同的精神追求的人会聚集到一起，形成一个社群。而这些个体所具有的共同诉求、情感共鸣、精神追求等就是一种社群思维的集中体现。

很多时候，我们不便于掌握个体消费者的消费行为，无法确认其在一定的消费环境下会采取怎样的行为，但是群体的行为往往具有一定的规律，个体经常会受到群体的影响而采取一些行为的反映。社群在一定意义上代表着信任。通过社群聚集起来的第一批粉丝往往会成为IP的忠实拥护者，为IP后续的价值挖掘和再造提供坚实的基础。直播领域同样具备一定的社群思维，通过直播平台同样可以以价值IP来聚集一大批忠实的粉丝，为直播产品的宣传和推广起到很好的推动作用。

事实上，直播平台的出现在很大程度上已经改变了人们获取信息的方式，从原来的微信公众号和微博为代表的文字传播，经过短视频等应用之后，已经向网络直播发展，而网络直播的形式也基本上符合社群的需求。

在当前这个互联网、移动互联网蓬勃发展的时代，无论是对于个人还是企业，甚至是整个行业来讲，通过忠实粉丝所获得的强大的能量是无法想象的，这是在未来激烈的竞争中能够脱颖而出的关键，而如何借助直播吸引粉丝转为忠实粉丝的关键就在于社群思维的应用。

（1）社群背后的粉丝经济提升直播IP人气。毫无疑问，那些具有强影响力的社群领袖实际上就是网红，网红往往聚集了大批粉丝，可以带动社群成员进行互动。社群是一个开放的生态圈。单一的信息互动是不能充分激活粉丝的活跃度的，因此，借助社群背后的粉丝经济提升直播IP人气已经成为当前的一种有效方式。现在有不少直播开始与社群成员之间进行互动，以此来提升直播IP的人气。

例如：2016年“罗辑思维”创始人罗振宇用“女员工”的小号在映客直播平台上首次进行直播，在参与直播活动的时候，吸引了10万人在线关注。同年5月16日，罗振宇再次在映客做直播，与上次不同的是，这次他将自己的“罗辑思维”搬上了映客，并且用自己的照片做头像，并以“罗辑思维”的名字正式入驻映客。在直播一小时之后，罗振宇轻松圈粉将近30万。罗振宇这种直播方式就是充分利用社群思维来提升直播IP人气。

（2）网红经济重视社群化，打造直播IP影响力。网红经济所带来的现象之一便是各种平台的直播，依托庞大的粉丝群体进行定向营销，从而将粉丝转化为购买力。但事实上，网红经济更加重视的是社群化，唯有社群化才能吸引更多的粉丝参与到直播互动当中，从而有效提升直播IP的影响力。

以网红社群第一品牌“17火”为例。“17火”网红的社群内有不少成员已经开始利用社群思维组建自己的社群，通过直播平台吸引粉丝，并通过微信社群将粉丝聚合，每次直播之前都让社群内的粉丝将直播消息分享到朋友圈和微博，这样就迅速提升了其IP在直播领域的影响力。

（3）社群推动直播IP变现。

传统的电视购物模式往往是以电视直播为平台，导购人员向受众讲解产品的性能、功用和特点等，但是随着传统媒体影响力的逐渐减弱，移动网络直播成为一种颠覆性创新营销模式。小麦直播联手K友汇举行了某爆款璀璨钻戒的首发直播活动，现场邀请了专业导演和人气网红，还通过直播平台举行了限时钻石项链抽奖活动，通过多家社群及社群联盟等多渠道的推广力量，吸引了将近40 000人观看本次直播。在直播过程中，不但可以通过聊天对话框与主播进行互动，还可以通过直播平台一键购买直播过程中所展示的产品，这样在很大程度上提升了直播IP的变现能力。

由此可见，社群凭借其拥有的巨大粉丝力量，对直播IP进行大面积宣传和推广，起到了极大的推动作用。在一定程度上，社群推动了直播IP变现的速度。

总而言之，思维决定直播IP的变现速度。无论是互联网思维还是社群思维，都是“直播+IP”运营维度的关键所在。一方面，互联网思维是互联网时代的产物，直播形成在互联网时代，必然自带互联网思维属性；另一方面，在当前这个社群化特点显著的时代，直播IP价值的快速实现首先就需要建立一个社群，好的社群自带媒体属性。当个人品牌IP打造起来的时候，在直播平台上借助社群粉丝的传播来传播，这样个人品牌IP价值的快速实现就成了顺理成章的事情。

生命力：持续与用户互动的基础

直播相对于转播、重播而言，更具有新鲜感、即时感，而网络直播与电视直播相比，则更具互动性，而且网络直播一个平台多个主播以多种形式给不同的观众人群带来强大的吸引力，这些聚拢起来的强大粉丝团就代表着网络直播的影响力，这就是经济收益。也正是基于此，使得网络直播近几年能够如雨后春笋般层出不穷，并迅速崛起，也由此为直播行业带来了巨大商机。

众所周知，目前视频直播中的秀场模式比例依然不小。但是通过秀场模式去定位和打造一款产品的品牌，这种做法实际上终究还是短视频的做法。仅仅希望通过秀场内容去迎合更多用户，这往往是有钱人的烧钱游戏。要知道，直播最初是建立在娱乐基础上的，如游戏直播，如果还依然在直播的过程中采取“你在那端玩，我在这头看”的单项模式，这种没有丝毫互动的直播方式，是很难真正满足用户的体验需求的。因此，可以说，能够实现全民参与、深度互动的直播才能称之为好直播。

但是，在这个人人都可以做直播的时代，能够持续吸引用户，并持续聚粉，提升互动能效性的关键还是取决于直播是否具有持续的生命力。那么如何才能提升直播生命力，实现主播与用户的持续互动呢？

一个事物是否具有持续生存的能力，关键在于生命力是否强盛。目前，网络直播出现肆意疯长的乱象，不少直播与合法合规打擦边球，而国家对这种类似情况给予严厉的处罚和扼杀。这种直播自然没有生命力可言。

然而，那些人人叫好的创意直播，带有满满的正能量，因此深受观看用户的青睐，这也是国家政策所鼓励的。由此可见，直播的生命力还需要靠内容来唤醒。失去了内容创作这个主轴，直播犹如无源之水、无本之木一般。因此，直播需要以适当的方式，从秀场模式回归“内容”这个本位，也只有以内容为王，直播的生命才有可能持续延续。然而，具有生命力的直播内容应当具备以下几个特点：

具有生命力的直播内容具备的特点

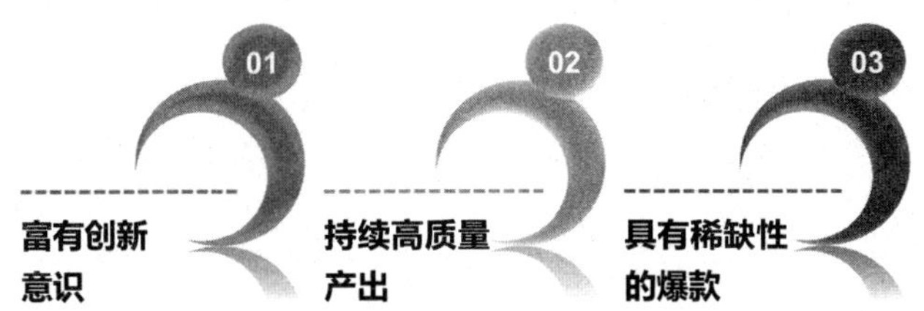

1.富有创新意识

千篇一律的直播内容往往给人一种单调、枯燥感，久而久之不能持续给直播内容注入新鲜的活力，因此，势必会让粉丝流失。而那些具有创新意识的直播内容往往能够激起更多用户的关注，进而吸引更多的用户转化为粉丝。当然，一些好玩的、有趣的、新颖的内容则会使粉丝主动分享给具有相同兴趣、爱好的圈内好友，这样粉丝已经不再是单纯的粉丝了，而是成为免费的直播内容传播者，在其圈内好友中形成了二次传播。在一定程度上增加了内容传播的扩散速度，同时提升了聚粉效率。

2.持续高质量产出

当前，直播行业内容良莠不齐，使得直播市场火爆的背后，也陷入了行业瓶颈期。2016年国家出台的《互联网直播服务管理规定》，犹如一把达摩利斯之剑，对于直播内容进行了有效规范，使得直播行业从野蛮生长阶段逐渐进入了转型升级阶段，而积极拥抱全新的PGC运营模式成为直播行业的全新出路。这对于主播借助直播内容吸引用户，并提升与用户的互动持续性也有很大的帮助。要知道，高质量、高产出才会有高回报。对于直播主播来讲，高质量、高产出的直播内容才更具生命力，才能更好地提升与用户互动的持续性。

试想，如果我们的内容既没有高质量，又没有高产出，而是将“旧货”翻来覆去地炒几遍，直播内容犹如一潭死水一般，势必会给用户带来疲劳感，围观用户积极参与互动的激情也逐渐消退。这样随着时间的推移，围观用户和粉丝必将去寻求更具吸引力的直播内容，而对于我们自身来讲，粉丝尽失，逐渐被其他高质量输出的直播竞争者所淘汰。

3.具有稀缺性的爆款

在打造直播内容的时候，能够打造出稀缺性的爆款内容，那么这一内容便成了迈向成功直播道路上独一无二的品牌。这样，直播品牌不仅可以告诉围观用户，我们的直播IP是什么，而且在一定意义上，这种稀缺性爆款内容已经成为我们的个人名片。它将使我们能够在当前全民直播的激烈竞争中脱颖而出，并展现出属于我们个人的独特性，包括我们是谁、我们代表什么、我们能够给观众用户传递什么样的信息。毋庸置疑，直播IP这时已经成为一种个人品牌，而个人品牌的目的就是能够让我们通过专业知识、技能等在直播领域更加闻名。更重要的是，这种直播IP已经代表了一种精神。成功的人都会找到属于自己的风格，并且在此基础上建立品牌，然后大胆地用品牌来表达自己，从而将原汁原味的、真实的价值传递给观众，让人无法忘怀。而这也正是使内容更具生命力的地方，也是能够真正吸引用户和粉丝不断主动参与互动的地方。

由此可见，直播IP是否具有生命力，则是能否吸引用户持续互动的关键，更是对直播能否走向成功具有至关重要的作用。

多元化：满足不同的观看需求

2016年是互联网直播行业竞争极为激烈的一年，“内容为王”已经成为直播行业的一大基本要素，直播市场正逐渐向精细化、价值化的方向迈进。随着越来越多的企业加入直播行列，一方面，使得直播行业呈现出多元化的特点；另一方面，直播平台成为企业实现盈利的又一有效方式。尤其是“直播+IP”的多元化，更能从根本上满足不同的围观用户的观看需求，使得直播行业能够在当前的互联网浪潮中不仅能够存活，而且能够蓬勃发展。

当前，“直播+IP”的多元化主要体现在以下几个方面：

“直播+IP”的多元化体现的方面

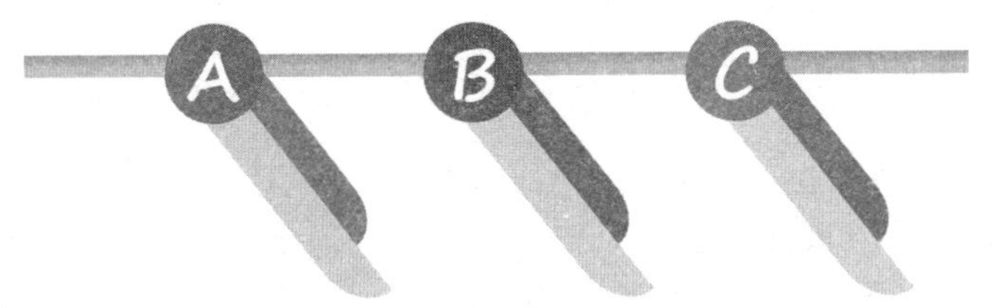

1.直播内容IP多元化

由于网络直播资本市场的大规模介入，UGC模式下的内容已经难以把控和监管，同时，同质化直播内容严重，多半是以草根和网红直播为主，内容缺乏创新，从众多的直播中我们会发现不少“套路”，无论是聊天还是唱歌，其最终的目的都如出一辙，即为了通过给观众留下美好的印象而换取礼物，但是这些却都停留在表面，没有实质性内容可以让观众从中获取到真正的价值，满足其观看的价值需求。然而，腾讯却能够突出重围，通过内容的多元化在众多直播大军中独树一帜。

作为互联网巨头的腾讯，在当前直播行业蒸蒸日上的潮流中，依然不失巨头风范，能够在直播内容同质化现象严重的情况下走出具有自我特色的一条路子。

腾讯直播邀请了各个领域的名人，或者有很高话语权的专家前来坐镇直播。各司其长地谈论并分享更加具有深入性和探讨性的话题内容。这些直播无论是内容还是直播嘉宾，都是非常符合年轻人的兴趣和思维的，通过内容的多样化和与观众互动的多样化，提升了观众参与的热情度，使得直播形成了良性循环。如知名舞蹈艺术家杨丽萍通过直播平台向广大网友分享自己的艺术形态和表现方式；崔永元、陈佩斯通过腾讯直播平台分享自己的人生过往。

另外，除了名人和艺术家入驻腾讯直播平台，腾讯还专门开辟了不少非常受广大观众欢迎的品牌节目，如《大唐雷音寺》，由老梁、谭飞对当下的热门话题进行直播，平均播放量达到了10万左右。

不仅如此，腾讯作为一个天然的直播大平台，具有超强的“吸星”能力，使得广大的明星内容建设与明星资源开发成为又一大优势。在腾讯直播平台上可以使广大观众对明星不为人知的幕后生活一面有更加深入的了解，让明星的更多才华能够在观众面前得到更多的展示。因此，腾讯直播还在明星直播方面覆盖了明星个人才艺直播、电影电视发布会、电影首映礼、明星专访等，实现了内容的多元化。

所有的这些可以说都是腾讯直播在直播内容上进行的专业性创新多样

化尝试，同时，从播放量就可以看出广大观众对于腾讯直播内容多样化的喜爱，同时也证明了腾讯在这方面的尝试是成功的。

2.直播+垂直领域多元化

借助互联网直播的东风，各个垂直领域纷纷拥抱直播，使得直播+垂直领域呈现出直播形式的多元化特点。从当前的市场竞争格局来看，差异化已经成为一种市场发展趋势，因此各个垂直领域在寻求差异化的道路上，打直播顺风车，已经成为一种潮流和趋势。目前，直播+电竞、直播+游戏、直播+体育、直播+财经、直播+公益、直播+科技等跨境联合形式已经存在，打造创新IP，并获得了很好的运营效果，为不同的用户提供了更具价值的观看内容，实现了观看需求的差异化。在未来，直播+垂直领域的多元化将更具发展机会。

以斗鱼直播平台为例。2016年3月，斗鱼直播平台在完成了1亿美元的B轮融资之后，与腾讯在版权、资源等方面全面展开合作，实现了直播的多元化，使得斗鱼直播平台在现有的基础上展开了包括游戏、娱乐、体育、综艺、科技、教育、创业、公益、旅游、户外、影视等集众多热点为一体的全民直播平台。这样，斗鱼直播平台以更加优质、多元化的直播内容实现了“直播+垂直领域”的多元化，在很大的程度上满足了不同层次观众的观看需求，这也正是斗鱼直播平台的直播多元化战略。

3.直播技术多元化

随着互联网以及科学技术的日新月异，直播行业将与更多的创新科技相结合，VR、AR、全景直播技术的不断发展将为直播领域的技术多元化带来更具前景的想象空间，通过技术的多元化则可以从更多的角度满足不同观众的观看需求。

总而言之，当前直播行业已经进入下半场的争夺，上半场的人口红利正在逐渐消退，取而代之的是以内容为王为基础的多元化满足不同的观看需求，以此获得源源不断的观看用户，这是直播行业的大势所趋，能够给整个亟待沉淀的直播行业带来全新的发展前景。

第三部分

“直播+IP+电商”下的新商机

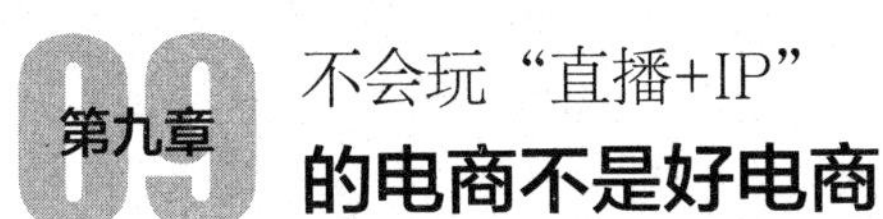

第九章 不会玩“直播+IP”的电商不是好电商

随着互联网、移动互联网的高速发展，庞大的移动用户规模逐渐形成，网络直播作为一种新兴的社交方式，已经引发了一场新的媒介革命，迅速成为新媒体营销的新阵地。许多电商平台和品牌商家纷纷重构营销策略，不会玩“直播+IP”的电商显然已经不能够顺应当前的大势所趋，不能成为新时代下的好电商。

淘宝直播催化形成“边看边买”新生态

2016年注定是不平凡的一年。在这一年里，直播行业的发展风生水起，IP价值水涨船高，全面进入了移动化和泛娱乐化时代。如今，直播和IP已经成为时代发展的一种更具创新性的潮流和趋势，似乎任何事物不能与直播或IP挂钩，就会被视为老套、陈旧、不能与时俱进。因此，“直播+IP”已经成为当前时尚和潮流的代名词。

随着互联网的纵深发展，基于互联网的商业模式正逐渐被颠覆和重构。互联网在我国开始起步之后，传统的实体店销售逐渐向PC端经营转变，于是电商出现在了经济发展的历史长河中。电商帝国中，能够成为当之无愧的领袖，非阿里巴巴莫属。然而，电商作为最具基因组合功能的一个前景行业，其发展的触角自然也会向直播领域延伸。“直播+IP+电商”已然成为一种全新的速富模式，意味着一个全新的电商时代已经来临。

阿里巴巴走全面创新路线，与优酷土豆强强联手，实现了“边看边买”的网购直播；京东携手爱奇艺，打造了《爱上超模》直播节目；淘宝打造“微淘”直播。各个互联网巨头纷纷试水布局直播IP，所有这些都表明，当前这个时代已然成为一个“边看边买”的全新电商时代，传统的网上看图说话的平面时代已经被视频场景实时化的立体时代所取代。

尤其是淘宝的“微淘”直播更为突出，使得电商在“直播+IP”的基础上呈现出全新的商业机会，引领了一种“边看边买”的新生态潮流。

手机淘宝直播平台的直播内容包括母婴、美妆、潮搭、美食、健身、全球购等方面，消费者可以通过手机淘宝直播频道、微淘频道进行观看。在淘宝直播平台上，还特别上线了“边看边买”的功能。

2016年5月12日，经过两个月的试运营之后，手机淘宝直播平台“淘宝直播”正式上线。该平台与一般的直播之间存在一定的区别，主要是定位于“消费类直播”，目前女性观众在总观众人数中占有很大的比例，约为80%。每晚8：00—10：00是观众收看直播最为活跃的时间段，同时也是用户一天中下单最多的时间段。这表明，当前的淘宝用户已经能够逐渐走上新潮道路，在追逐淘宝直播的过程中也表现出非常狂热的一面。

除了淘宝自有商家，还有一些知名的网红也加入了手机淘宝直播平台，如江南BoyMan、网红店主朱宸慧、Papi酱等。以Papi酱为例。在2016年4月21日，Papi酱举办了一场拍卖直播活动，仅在当日就有超过50万人通过淘宝直播平台围观了该次活动。

事实上，自淘宝直播上线以来，截至2016年“双十二”期间，淘宝直播观看用户数量达到了千万级，主播人数超过1000人，每天直播场次将近500场，“双十二”的直播峰值超过了当年的“双十一”。

在当前直播平台迅速发展的今天，不论是互联网巨头还是个人，都非常看好直播的发展前景。在竞争如此激烈的市场经济下，手机淘宝直播衍生的“边看边买”的新生态为何能够受到广大用户的如此青睐呢?

1.给用户带来一种全新的享受和体验

关键是淘宝推出的购物直播内容所针对的人群是女性，这种“边看边买”的全新购物方式，无疑给消费者带来了不一样的享受和体验，即便是用户在没有退出直播的情况下也可以对主播推荐的产品进行下单。

2.名人参与，吸引用户

通常，大多数男性用户对于购物主播不会产生太大的兴趣，与电视购物一样，淘宝直播也会聘请明星人物前来参与直播，这样借助明星效应，能够迅速抓住那些对直播不太感兴趣的用户的眼球，积极参与到直播内容的围观和互动当中，有效提升用户的围观兴趣。

手机淘宝直播衍生的“边看边买”的新生态受到青睐的原因

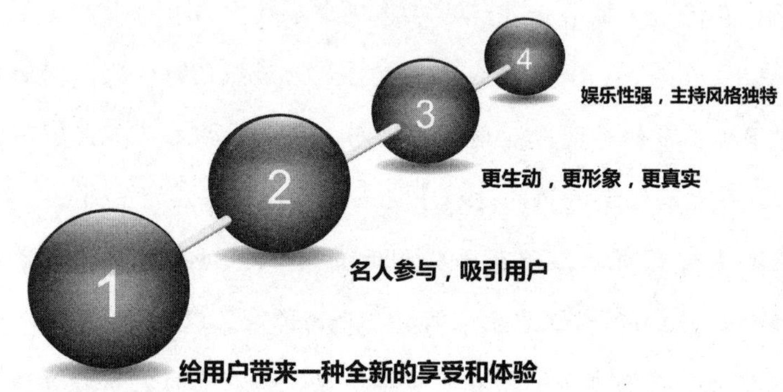

3.更生动，更形象，更真实

传统的淘宝购物，往往是一种平面式的页面产品选择，这种网购方式往往给人一种看不见实物、不清楚使用或穿着效果的单调感只能凭借购物评论和销量来衡量商品的质量。

然而，2016年，“双十一”的战场从原有的单调的网页浏览转战直播领域，使得直播成了一种创新营销手段。淘宝直播能够让整个画面动起来，使人能够更加生动、形象、立体地了解产品的真实情况。这样，一方面，消费者可以足不出户就能够买到自己喜欢的产品；另一方面，可以根据直播内容中的产品介绍、产品使用展示、特点优势、服装潮流搭配、美妆使用步骤以及效果等，以此来判断自己适合选择什么性能、功用的产品，只有适合自己的才是最好的。

4.娱乐性强，主持风格独特

淘宝直播毕竟是一种营销性质的直播，如同没有人愿意一直看电视广告一样，消费者的本能是非常反感硬性广告植入的。因此，为了消除消费者的这种反感心理，通常主播们会尽量让自己的主持风格更加独特新颖，以此来吸引更多的观众或潜在消费者前来围观。直播必然是给电商带来了新的活力。

在过去，一讲到电商，在很多人的脑海中第一印象就会想到淘宝，似乎淘宝已经成为电商的全权代表，但是如今京东、唯品会等众多电商平台的兴起，使得淘宝在率先成功试水“边看边买”的直播之后，各大电商平台也紧随其后。在当前这个全民直播的时代，如同早起的秀自拍一样，直播一点自己的生活点滴也是未尝不可的。那些具有优质IP，会玩直播的淘宝商家、玩得好的淘宝商家必将在激烈的市场竞争中逐渐崛起。而如果直播内容没有什么实质性的价值，再好的淘宝商品在直播平台上也难以获得用户的认可，从而逐渐暗淡失色，退出竞争舞台。所以，做淘宝直播平台，还是要以创造优质的内容为基础。

“直播+IP+电商”的快速捞金模式

2016年是直播年，传统电商也都十分看好直播这一行业，纷纷与直播搭上关系，希望能够在直播领域分得一杯羹。随着淘宝直播的上线，一大波电商紧随其后，以小米、途牛、华为等为代表的知名品牌和平台邀请直播的主播参加各种发布会，使得直播从早期靠颜值博得流量的时代逐渐转向商业化时代。因此，也上演了一场场“直播+IP+电商”的捞金大战。

各大电商平台纷纷拿出自己的杀手锏，借助“直播+IP”在电商领域快速捞金，打出一片新天地。那么“直播+IP+电商”究竟衍生出哪些快速捞金的模式呢？

“直播+IP+电商”衍生出的快速捞金的模式

1.明星IP直播模式

随着直播平台的快速发展，“在线、在播、在场”已经成为企业品牌传播过程中越来越重要的一部分，其中明星IP直播已经成为电商领域市场中的巨大需求。庞大的明星粉丝群体，可以迅速聚集人气，让明星每次的直播都能够成为热点事件。因此，诸多电商平台以明星IP为切入点，通过直播平台打造不一样的明星商业合作推广服务，这种明星IP直播模式，给商家真正带来了巨大的经济效益，也因此赚得盆满钵满。

优品惠作为一家国内知名电商平台，以为用户提供更好的体验为目标，通过自主创作视频、轻视频、网络直播等多种符合中国消费者消费行为的视频购物形式，为广大消费者提供有别于传统电商的营销模式。将商品细节化展现在用户面前，让产品通过直播形式给用户带来更具感官量化的体验，从而促进消费行为的自然发生。更主要的是，优品惠在将产品进行感官量化的过程中，借助明星资源优势，让明星对产品进行直播代言。优品惠选择与李晨达成合作。因为李晨本身表现出来的热血、认真、反差萌的独有特点让其识别度极高。当戴上围裙之后，李晨就秒变居家暖男，在谈笑间就可以从脸上洋溢出奔跑的力量，这种强大的力量能够通过直播间传递到每一位围观观众心中，更能将这种力量在广大用户中产生情感上的共鸣，进而加快了用户向粉丝的转变，同时也提升了粉丝向消费者的转化率。

相比于传统的图文单一销售模式，明星IP进入直播之后本身可以产生良好的转化效果。明星直播活动在一定程度上等同于为品牌代言，相比于传统代言而言，这种明星IP直播的方式又体现出了灵活性高的特点，合作形式更加灵活。在此基础上为品牌量身定制直播内容，并进行明星资源和品牌资源的整合，可以更好地实现产品方案的推广。与此同时，这种以明星深度绑定品牌的合作形式为基础，打造深度的IP内容，可以以优质IP内容与相应的渠道进行对接，以内容拉动市场，以优秀娱乐内容输出实现快速变现，更容易实现直播+IP资源的商业转化。

2.线下导购直播模式

我们都知道，通常情况下，在天气恶劣的时候会严重影响消费者到店咨询和购物。而通过借助微信的文字和语音在线咨询导购问题，也会产生一定的问题：一方面，能够加到这些导购人员的微信是不容易的；另一方面，即便是添加了实体店导购的微信，还会对他们像微商一样整天刷屏来推销产品感到厌烦。但是，即便如此，在有购物需求的时候又感觉他们是如此的重要。因此，可以说，O2O在购物咨询问题上并没有给用户带来很好的体验。

然而，线下导购直播的出现可以很好地解决这方面的问题，成为电商与网络直播结合后，在解决购物咨询问题方面的最佳方案。这种模式具有以下几个方面的优势：

（1）导购操作简便。线下导购直播其实与现场给用户讲解或者回复用户的问题咨询几乎是相同的，不存在使用障碍和心理障碍，更不需要进行专业培训，导购人员可以通过直播的方式快速上手。

（2）解决利益问题更加便捷。线下导购直播模式和线上的电商平台关联后，消费者可以直接在店铺下单购买产品，并且消费者下单成功与否直接与导购的业绩挂钩，在进行利益分配的过程中不会存在矛盾和冲突，体现出其便捷性特点。

（3）随需随用，体验感极佳。用户在有购买需求的时候才会进入直播场景，平时在没有需求的情况下是不会受到导购刷屏干扰和影响的，这种随需随用的线下导购直播模式给用户带来了极好的体验。

（4）真实、互动性提升销售转化率。当前，消费者中的主力军是年轻化群体，因此，他们更加趋向于对真实性和个性化、互动性的喜爱。直播的真实性、互动性、有趣性正好迎合年轻消费者的情感需求，能够更好地促进销售的转化率。

3.买手直播模式

很多时候，市面上的产品差强人意，面临着“品类多正品少，正品多品类少”的矛盾，很多消费者总是在买与不买之间进行徘徊。而买手直播模式的出现，则引导这些难以抉择的消费者做出最后的选择。买手在一定程度上作为产品的近距离接触者和直接的使用者，往往对产品的好与坏最具话语权，因此，在一定程度上，买手充当着KOL的角色。用户可以和直播间的买手进行沟通和咨询，从而帮助其找到和了解更多店铺中商品的特色，引导用户找到更加适合其自身需求的商品。

在直播的冲击下，“海淘界”也开辟出了一条独具特色的海外实景直播模式，采用买手购物直播的方式，由买手在当地实体店内拍摄店铺内所推荐的折扣品、特色品等，这样不仅可以消除广大消费者对于“假货”的疑虑，同时还可以让消费者通过直播画面感受到扑面而来的海外购物氛围。买手们在直播的过程中不仅销售国外产品，更是让国内消费者能够更好地了解当地人气商店和特色产品，一方面给广大消费者找到了更加适合其自身需求的商品，另一方面也给消费者带来了完美的购物体验。

4.App线上直播频道模式

众所周知，现有的直播综合平台并不是为了给电商提供相应服务而建立的，起初是为了娱乐而设计的，因此在购物体验和数据连接上是无法达到电商的要求的。淘宝作为电商领域的佼佼者，率先上线直播频道，成为电商领域App线上直播频道的先行者，并且通过淘宝上线直播频道产生的经济效益和转化率、客单价等获得了明显的提升。目前，淘宝直播的ARPU值（每用户平均收入值）是当前电商直播平台中最高的。

自淘宝直播之后，苏宁易购也在这方面做了尝试。2016年，苏宁易购在“618”尝试做了机场直播，开场短短10分钟的时间里就获得了超过120万的粉丝互动。并且在之后的“818”活动中，通过818位网红，包括明星、导购、买手、直播平台主播、普通消费者等进行直播，并发放了8.18亿元红包，在线上线下获得了超过1亿人参与互动。借此，苏宁易购获利颇丰。

总而言之，借助直播平台形成的以上这些电商的快速捞金模式，已经给不少电商平台带来了巨大收益。可以说，在当前这个直播、IP炙手可热的时代，不会玩“直播+IP”的电商已经不能称之为好电商，必然被创新电商发展模式所带来的强大竞争力所淘汰。

中小型卖家吸粉引流必杀技能

在当前国家提倡"大众创新，万众创业"的时代，在国家大力支持和鼓励下，电商的发展自然也迎来了一轮全新的发展高潮。因此，越来越多的人加入到电商创业当中，即便是竞争愈来愈烈，不管大小，就算是分走一个订单也将形成竞争。电商竞争的重点就是流量，因此，即便是挤破了头，大家也要从电商中分到极少的一杯羹。这种情况下，流量的增加就变得越来越难，使得电商逐渐开始向寒冬期迈进。

然而，随着直播行业的迅速崛起以及IP热的迅速升温，电商的发展又出现了回温期。"直播+IP+电商"成为了一种全新的吸粉引流方式。尤其是对于那些中小型卖家来讲，更是能够让其起死回生并且冲出重围。具体来讲，中小型卖家搭载"直播+IP"顺风车实现吸粉引流的步骤如下：

1.从淘宝十大原创IP中培养想象力

当前，年轻消费者正成为电商领域的消费主力，这些消费者本身的年轻化特点，使得其越来越看重商品的原创性和个性化，而这也恰好给设计师和创客带来了更多的市场挑战和机遇，"想象力"则成了电商IP的重要来源。

2016年，由淘宝发起、网友评选的"淘宝原创十大IP"在剁手党间迅速蹿红。其中大名鼎鼎的"故宫淘宝"、古人玩穿越的"夏虫与冰"、"永远少女心"的塔卡沙、一模型卖萌走红的网红喵"吾皇"等高人气IP，受到了广大淘宝用户的青睐和喜爱。

网传淘宝十大原创IP排行榜

第一名　故宫淘宝

第二名　吾皇万睡

第三名　夏虫与冰

第四名　MS MIN

第五名　马良行

第六名　塔卡沙

第七名　涂手

第八名　Kinno Scuba

第九名　吱音

第十名　淘小宝

以故宫淘宝为例。谈及故宫，往往会给人一种庄严、威武、权威、皇家、辉煌等感觉，这并不会与“有趣”两个字搭边。但是，在淘宝中有一家名为“故宫淘宝”的店铺，却能够使广大消费者眼前一亮，并一举成为时下爆款，吸引了更多人的关注，其销量也创造了奇迹。

2015年，故宫博物院共研发设计出了8683件文创产品，其中包括服饰、陶器、瓷器、书画等，产品涉及首饰、钥匙扣、雨伞、箱包、领带等，

在同年8月，故宫淘宝上线促销的第一个小时，就有1500个手机座售罄，仅一天的成交单数就达到了1.6万。2015年，故宫淘宝的营业额超过了10亿元。目前故宫淘宝的微信公众号中的有趣广告文案也是篇篇“10万+”的点击量。

拿故宫淘宝IP受青睐进行分析，究其原因，关键在于：

（1）品牌IP亲民化。故宫本来是旅游参观的景点，能够给用户传递历史故事，与用户之间存在一定的距离感。而“故宫淘宝”则是将这个距离迅速缩短，故宫博物院的旅游用户数据显示，12岁以下的青少年是一部分重要人群，25~50岁之间的人群是主流，而“故宫淘宝”用户的人群集中在25~34岁之间，大部分是85后、90后人群，对于新鲜事物、热门话题、互联网化语言及潮流产品十分推崇。在用户年龄段这方面，“故宫淘宝”是与故宫博物院所吻合的。具体来讲，亲民化体现在：

①从被动到主动。传统用户是购买门票去参观故宫博物院，以此来增加自己对我国文化的认知，这对于故宫来讲，却是在被动地等待用户前来消费。而“故宫淘宝”则是使被动转化为主动，开通了微博、微信公众号，并且与用户之间主动进行互动，这一巨大的变化让广大用户“受宠若惊”。

②从权威到“卖萌”。故宫博物院本身给人一种庄严、权威的感觉，

然而“故宫淘宝”则一改历史的厚重气息，让历史人物的形象变成为一种“萌化”的感觉，从而激发了年轻用户群体的点赞和喜爱，进而愿意主动转发，甚至购买。

（2）产品IP娱乐化。寓营销于娱乐、于趣味，这是当前电商运营的能够符合广大年轻消费者口味的最高境界。这样使得产品在具有物的属性的同时，还具有娱乐的特点，更容易让消费者产生情感上的共鸣。

①创意。具有创意的东西往往才更具吸引力。故宫的创意产品实际上并不是什么新奇“玩意儿”，都是我们身边经常见到的物品，如花盆、折扇之类。但是，“故宫淘宝”却将这些产品赋予了故宫元素，包括LOGO、宫女形象、皇帝形象、大臣形象等，将这些产品进行了历史人物卡通画，从而使其具有不一样的特色，再结合一些好玩的文案设计，就让整个产品有了一定的乐趣，对于消费者来讲能够产生一种强大的吸引力。

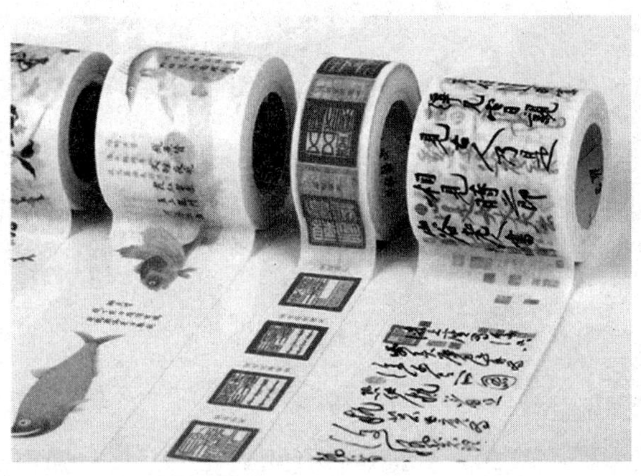

②文案。好的创意离不开好的文案进行“点拨”。“故宫淘宝”的每件产品都会有一段锦上添花的文字，这已经成为产品的重要一部分。比如胶带、折扇上配上与众不同的文字，则更能吸引消费者。

“直播+IP+电商”能够广泛吸粉引流的关键性一步就是对于原创IP的培养。从“故宫淘宝”我们看到，无论是品牌亲民化还是产品娱乐化，实际上都是“故宫淘宝”的IP打造，是电商领域原创IP打造的典范。

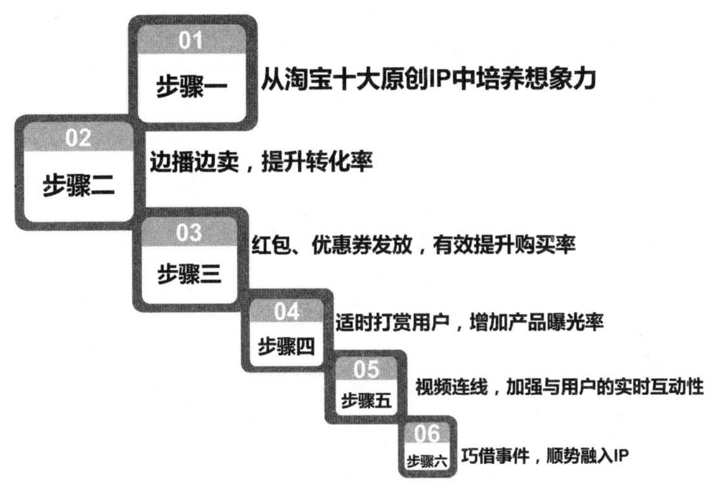

2.边播边卖，提升转化率

正因为直播具有深入互动的特点以及独特的优势，所以给电商的发展带来了全新的启示。在过去几十年，商家都在忙于在文字和图片上做文章，去寻求创意。但是如今，网络直播互动的出现，使得商家也不断寻求更加新颖、好玩的内容创意来吸引广大消费者，并增强与消费者之间的互动。

通过这种边播边卖的形式，使得那些小而美的商家获得了更好的发展机会，同时，通过直播的方式向消费者展示产品，也比以往的“产品详情”和“卖家评价”来得更加真实。这样，用户在围观、参与互动的过程中，就会逐渐增加彼此之间的信任，拉近彼此间的感情，产生情感上的共鸣，进而从一名路人转化为粉丝，有效提升了粉丝的转化率。

3.红包、优惠券发放，有效提升购买率

发放红包和优惠券是买家非常喜欢的一种互动方式，因此可以在直播的过程中通过发放红包和优惠券的方式来吸引更多用户和买家，并且可以起到活跃气氛的作用，就使得那些围观用户更加容易由最初对产品产生的“心动”而上升为最终的“行动”，因此有效提升了用户、粉丝向买家转化的转化率。

2016年，淘宝作为电商领域中的领军者，在“双十一”期间玩出了新花样。2016年淘宝“双十一”期间，在直播会场增加了“红包雨”玩法。天猫“双十一”全球狂欢节发放“魔性红包雨”，如果用户将所有的LOGO全部收集完毕，则获得一次参与黄金大抽奖的机会，赢取黄金赞助商提供的金条或者汽车使用权一年。

魔性红包雨活动规则：

（1）每成为关注一个ALLIN品牌或每天签到（淘日历提醒），即可获得一次唤醒品牌红包雨的机会。

（2）点击唤醒品牌红包雨，品牌LOGO植入红包雨中，点击获取奖励，奖品以天猫购物券为主。

（3）如果获得某店铺红包，则领取时收藏该品牌店铺，助力品牌高效增粉。

（4）完成全部LOGO收集，参与终极黄金抽奖，赢取黄金赞助商提供的金条或者汽车一年使用权。

2016年，天猫商家可以自主配置红包雨。在直播间达到约定时间点，整个直播可以达到边看淘宝边直播，边抢红包雨。这种方法有效提升了用户的购买效率。

4.适时打赏用户，增加产品曝光率

目前，已有的淘宝直播已经配有打赏功能，但是能够提供的礼品中绝大多数都是平台自带。2016年7月，淘宝直播经过改版之后，商家可以定制自己想要推出的新品作为打赏礼物，并且可以以此生成专属动画，在直播间中显示，这样可以有效增加产品的曝光率。

例如：舒肤佳定制了一定数量的体现其产品形象的虚拟礼品，并将这些礼品以与优惠券或红包组合的方式，共同生成礼包，并通过大数据进行精准匹配，在粉丝当中实现精准发放。用户可以到舒肤佳的店铺领取使用。在以往，这种虚拟礼品打赏的方式往往会出现一些尴尬的情况，即有些用户即便是领取了虚拟礼包，但并不一定回去使用。如今淘宝直播改版之后，这些虚拟礼品的的功用范围变得更加宽泛，即使不在商家店铺中使用，也可以作为礼品去打赏用户，这样，无论是对于商家还是对于产品来讲，可以得到多次曝光的机会。

5.视频连线，加强与用户的实时互动性

当前，在淘宝直播平台上已经融入了视频连线三种新玩法。用户可以借助淘宝直播平台上的视频连线功能，与用户之间进行实时互动。在以往，用户如果遇到搭配问题，则只能通过在旺旺对话窗口向客服以打字的方式进行询问，并不能真正感受到所获得的咨询答案是否是最舒适、美观的解决方案。但是，借助淘宝直播平台，如果有的用户喜欢观看主播讲解服装、服饰的款式或颜色搭配，或者出现相关搭配方面的问题，主播可以通过网络直播直接观看到当前这位用户的身材、体型、肤色，并对其进行更具针对性的搭配和讲解，这样给用户带来更加满意的服务体验，这种几近于面对面的指导方式，类似于专属顾问，能够通过紧密的互动来提升用户对主播的好感，进而快速实现路转粉。

6.巧借事件，顺势融入IP

2016年4月26日，杜蕾斯发起了一场题为“百人试戴杜蕾斯”的直播活动。历时3小时，100对情侣，在中国500万名网友的期待中，上演了一场可谓是不温不火的直播表演——搬床、做体操、聊天、吃水果，最后在一团薄雾中消失。所有的直播内容和宣传中的“百人试戴杜蕾斯”的主题大相

径庭。随之而来的便是500万网友的“吐槽”以及各大媒体的争相报道。毫无疑问，即便是被500万网友“吐槽”，但是也难以阻止杜蕾斯因为此次事件营销而成为赢家的趋势：杜蕾斯通过此次直播活动顺利推出了自己的新品，进一步扩大了杜蕾斯品牌在中国的知名度。

杜蕾斯之所以能够通过视频直播成功推广新品，关键就在于巧借事件营销策略，顺势将自有IP融入到直播当中。所谓事件营销，主要是指企业通过前期的精心策划、组织和利用具有新闻价值、社会影响以及名人效应的人物或事件来吸引广大媒体、社团以及消费者的兴趣和关注，达到产品推广的目的。借助事件营销进行直播，并能够顺利融入IP的关键在于事件本身要具备足够的吸引力。拿杜蕾斯此次直播推广来讲，其事先通过“百人试戴”这样的事件进行宣传造势，本身就是一个噱头，以此来吸引广大网友的关注。最后则是以“雷声大雨点小”的结局使得这次直播内容进一步发酵，从而达到了扩大影响力的效果。因此，从杜蕾斯案例中，我们不难发现，借助事件营销进行直播宣传产品应当从以下几个方面进行：

（1）事件具有足够大的新闻价值。虽然事件营销中的事件是由人为策划的，但是其依然属于新闻事件，在进行策划时应考虑其满足新闻的重要性、趣味性、接近性等特点。另外，作为新闻事件，决定了其必然是发生在人们身边的事件，因此，在策划时一定要体现出事件的亲民性以及体现出普通事件中的异常化。

“百人试戴杜蕾斯”本身事件内容谈论的就是与人的七情六欲有关的话题，受到我国传统文化的影响，大多数人出于情理中的保守而有意回避，而杜蕾斯正好抓住大多数人的好奇心理，进行大规模的网络直播，这样既符合新闻传播的特性，又在一定程度上满足了消费者的好奇心理。

（2）巧借渠道。虽然当前是IP为王的时代，但是渠道的重要性不可忽视。一个营销事件的发生并不是凭空产生的，需要前期做很多铺垫或渲染，从而才能使得事件被更多人所熟知，进而吸引更多的人主动参与到其中，有效推动整个事件不断向前发展。在当前互联网发展蒸蒸日上的今天，网络则成了事件渲染的重要渠道。通过网络转载、分享、评论等，可以让事件一步步达到爆棚。因此，网络是借助事件营销进行直播IP宣传的重要渠道。

总而言之，电商市场的竞争已经到了白热化阶段。各商家，尤其是中小型商家，如果不能实现再创新，那么其生存堪忧。“直播+IP+电商”是电商发展过程中的新机遇，可以有效帮助电商吸粉引流，提升市场竞争力。

“直播+IP+电商”模式这样玩

现如今，“直播+IP+电商”给电商领域的发展带来了新的化学反应。不同于游戏直播和早期的秀场直播，“直播+IP+电商”已经不再过度依赖于打赏的变现模式，电商与直播、IP结合的目的就是为了能够更好地促进交易的产生，进而实现最大限度的变现。因此，“直播+IP+电商”被看做是直播样态中离“钱”最近的场景。

在当前线上竞争越来越激烈的情况下，各电商巨头们纷纷抓住这一巨大机遇，绝不会放过这样一个巨大的流量窗口。

2016年3月份，手机淘宝直播平台“淘宝直播”正式上线。

2016年5月17日，拥有超过1.3亿用户、依托于社交电商模式积累了海量时尚达人资源的蘑菇街正式宣布，携手8000名主播上线蘑菇街App移动视频直播功能，这标志着蘑菇街正式切入直播领域。

2016年，跨境电商的黑马网易考拉先后与虎牙直播、斗鱼直播、NICE、网易BOBO等四大直播平台共同达成战略合作，通过合作拍摄、专题运营、合作推广等多种形式，共同推进网易考拉海购“全球直采”项目的成功。

2016年8月25日，唯品会新开设的每周一期的穿衣搭配导购栏目《唯品美美搭》正式在站内线上进行直播。此栏目实际上是唯品会全力打造的“原创视频+导购直播”模式，在一开始直播的过程中就成功吸引了广大消费者的关注。

直播互动作为一种全新的电商交互方式，用户在直播过程中直接向买手、品牌方、达人提问，并获得现场解答。在直播平台上，通过明星、网红将有相同或相似喜好的消费者聚集到一起。直播的同时，品味相近的购买者随时可以发表自己独到的看法和见解，同时实现了类似社交网络的效果，有效提升了用户对平台的黏度和购买的转化率。事实证明，当前“直播+IP+电商”已经成为了一种更加新奇的在线购物手段，“社交化”“人格化”成了吸引年轻消费者购物的重要平台属性。

由此可见，“直播+IP+电商”已经成为当前电商的标配，那么究竟“直播+IP+电商”如何玩才能实现最大限度的变现呢？

1.把握节奏

通常情况下，成功实现“直播+IP+电商”需要通过四个阶段完成，分别是筹备阶段、造势阶段、预热阶段、爆发阶段。这里我们以电商代表天猫“双十一”为例进行一一讲解。

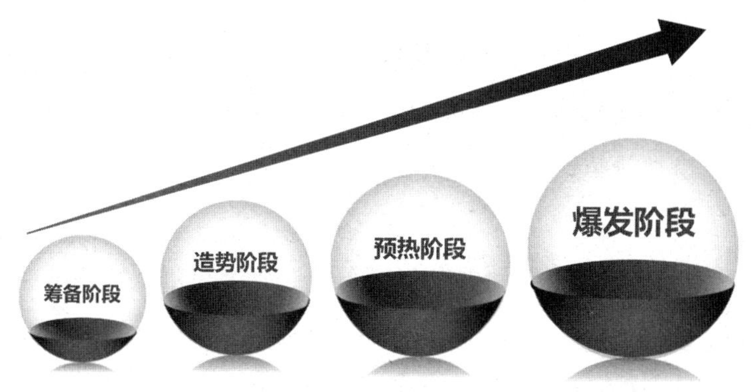

（1）筹备阶段（预计时间在9月15日—10月20日）。

在筹备阶段，商家进行筹备的重点在于日常运营的有效把握，包括

“双十一”的选品上新、店铺基础销量的操作、直播达人的选择、店铺详情、店铺粉丝、手淘社区、清单、头条、有好货渠道的覆盖等方面的工作，要做好铺垫，为后期的直播销售阶段做好充分的准备工作。

通过这些筹备工作的实施，可以撬动品牌在淘系内容运营的生态和阵地，从而为商品提供更多的曝光机会，积攒更多的新粉丝加入，这样才能使得商家的店铺和商品能够在“双十一”当天有更多的出挑机会，同时也会赢得更多用户的重复购买率。当然，所有的这些筹备工作的重点还是需要做好活动内容的精心策划。要知道，好的直播IP是电商营销活动取得成功的基础和关键。

（2）造势阶段（预计时间在10月21日—10月31日）。

所谓“造势”，自然是为了“造”，那么究竟如何“造”才能达到预期的效果呢？这里又回到了前文中所提到的“事件营销”，通过各种非常具有吸引力的直播事件，可以起到很好的造势作用。

假设天猫想以全球时尚、全球智能、全球生活家为主题来开展一个全球脑洞直播间。举个简单且易操作且新奇的例子，可以请某个明星前来助阵，从平流层上升到一个设定的高度，进行一个高空跳伞的直播；邀请某位直播达人下深海去进行现场探索直播。总之，不论是高空跳伞还是深海探索，都是为了使直播节目具有一定的创意性，能够使得整个直播事件可以得到最大限度的释放和扩散。

只要能够“造”出好的创意和想法，就会获得预期的外推渠道和流量，甚至会远远超过预期获得更好事件传播效果，这对于产品销量的提升将起到事半功倍的效果。

（3）预热阶段（预计时间在11月1日—11月10日）。

在这个阶段，平台和商家或通过红包、优惠券的发放形式来吸引更多的用户前来点去页面进行加购，在这个阶段，商家可以推出“好货系列”直播，将其作为一个重要的IP进行全面推出，这样可以让用户从内容层面就能够很好地了解到全球顶尖好货。同时，店铺商家可以推出以“发现”为名的直播栏目，邀请当红明星和品牌做客直播间，一起帮助广大消费者发现全球好货。

做“好货系列”直播的目的就是为了通过明星效应等来吸引更多的粉丝关注并前来围观，让更多的粉丝能够进一步转化为消费者，提升其对品牌的认知和对商品的加购，这才是预热阶段想要达到的真正目的。

（4）爆发阶段（时间为“双十一”活动当天，即11月11日）。

例如天猫将定制名为“Boss也疯狂”为主题的活动，让品牌、KOL或明星等直接参与到直播过程中进行单纯的卖货活动，当所有的消费者全部在明星效应、KOL的影响下而处于“疯狂买买买”的状态时，品牌们可以以直播的形式与天猫粉丝们进行沟通，这样可以有效推动消费者“双十一”最后一个环节的冲刺，促进消费者购买行为的产生。可以通过直播对即将卖空的商品采取补货、品牌追加购物券、商家补发红包等方式来感动广大消费者，让消费者能够在第一时间参与到“双十一”的狂欢购物活动中。另外，商家还需要对“双十一”0：00—2：00这个爆发阶段之后的销售疲软期进行有效刺激，通过前期筹备阶段进行多套利益点和玩法来拉动消费者持续购买的行为，这样才能真正做到有备无患。

2.把握玩法

2016年，天猫“双十一”在直播间推出了全新的玩法，如人气红包、关注有礼、分享直播间有礼等，另外还新添了产品千人千面的个性化展示、跨店优惠券、密令红包等创新玩法。因此，“直播+IP+电商”的创新玩法中还应当把握以下几个方面：

（1）个性化。一方面，商家应当为“双十一”的到来提前做好优质商品的白底图（即以白色为背景的产品图片），这样可以使得商品能够在视觉上更好地透出到消费者面前。另一方面，每年的9月—10月期间，商家应当充分利用好这个时间段，通过点击、收藏、下单等行为与客户产生更多的关联，以此来增加商品在“双十一”期间的个性化透出所覆盖用户的面积。

（2）购物券。购物券是天猫每年用来吸引用户转化为消费者并提升购买率的必不可少的工具之一。因此，在“双十一”前期筹备阶段，商家就应当筹划上线跨行业联合活动，这样做的目的是为了能够在早期就开始逐步培养用户心智，并实现流量的有效疏导。

（3）营销工具。直播过程中使用密令红包和分享直播有礼作为营销工具，可以为店铺进行有效引流。密令红包是通过网络达人、明星等在外部平台传播密令的方式为店铺引流；分享直播有礼则是通过直播间的访问和围观用户带新用户的方式带来更多的流量。这两种不同的营销工具双管齐下，可以起到很好的引流和聚粉的作用。

（4）内容导购。自天猫直播正式运营之后，内容运营成为了重推对象，更是“双十一”导购的重点。不论是在直播间的内容运营还是在微淘等的内容运营方面，都可以帮助商家充分调动起明星、网红的KOL资源，并将其结合“双十一”的货品内容和热门话题，在店铺做全方位的内容透出，从而达到用户能够更加直观、清晰了解商品卖点的目的。

第十章 10 成功“直播+IP+电商”经典案例赏析

网络直播在经历了长视频到短视频、录播到直播、PC端到移动端之后，已经全面进入了全民直播时代，电商更是抓住这个巨大的商机，深度打造优质IP，并在此基础上实现快速变现。也正是如此，“无直播不营销”已经成为当前新时代下最新电商营销口号。

聚美优品：明星直播互动杀出电竞重围

2016年网络中最流行的一个段子：“前一秒你还不知道网络直播是什么，而后一秒你的手机里已经下载了各种直播App；前一秒你还不知道网红为什么火爆，后一秒全民都在直播。”从这段话中，我们可以感受到2016年直播的火爆程度。

聚美优品也搭载“直播+IP”这趟火爆的顺风车，进行紧密布局，并在电商营销中脱颖而出。

2016年9月5日，赵丽颖以“少女萌主”的身份担当自然堂全新唇膏代言人，在上海举办的“少女萌主派对”活动中传授独“萌”秘籍。聚美优品作为自然堂的新品首发平台，即时上线了这款自然堂咬唇膏新品，并在线直播派对全程。

赵丽颖仿佛置身于少女闺蜜派对当中，使得整个直播现场萌力翻天。当赵丽颖全新代言广告大片被曝光之后，赵丽颖的可爱、时尚的一面瞬间淋漓尽致地展现在观众面前。观众也纷纷刷屏，被赵丽颖的实力萌化了。

赵丽颖在现场向线上直播的粉丝们示范新款自然堂三色咬唇膏的使用技巧，同时还呼吁广大粉丝一同“加入少女萌，一抹萌出色”，并且还特别推荐了她最喜欢的珊瑚粉，这使得不少粉丝也纷纷即时将咬唇膏添加到购物车中，并且一键购买了该款产品。

在另一边，欧阳娜娜作为神秘重量级嘉宾对于赵丽颖的呼吁进行隔空喊话：“大Boss，我要第一个入萌！”欧阳娜娜此前代言过自然堂的一款产品——冰肌水。此时，欧阳娜娜的隔空喊话全力助阵大Boss，并且摆出了入萌手势，和赵丽颖共同“比心”。两位萌主的同时出现，使得整个直播会场内外围观用户的热情高潮跌宕。直播仅仅一小时的时间里，赵丽颖给自然堂带来的粉丝数量急剧飙升。同时也为自然堂带来了巨大的销量和盈利。

据相关数据显示，在开播不到一小时的时候，赵丽颖已经成功吸引了超过100万的累计围观人数。直播期间10 000件新品备货一时间全部售空。在直播结束之后，聚美优品又进行了迅速补货，但是再次售罄，共计销售突破11 000件，这一产品销售数字打破了此前Angelababy在天猫直播的美宝莲发布会上唇膏的销售记录。

2016年可以说是直播市场的喷井期，直播市场竞争惨烈，电商领域也加入了这场厮杀当中，与当年各大团购网站相互拼杀的情形相差无几。聚美优品开辟直播领域——聚美直播，不但顺应了当前时代发展的潮流和趋势，更是从众多的电商直播中杀出重围，走出了具有自己特色的全新电商发展道路。

具体来看，聚美直播具有以下几方面的优势：

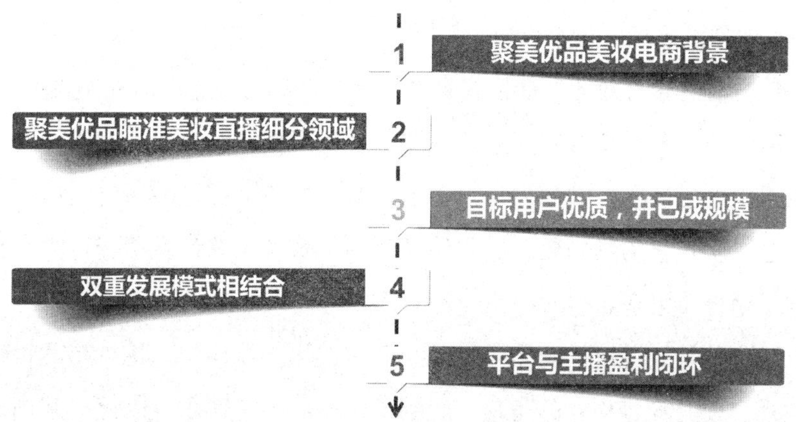

1.聚美优品美妆电商背景

一方面，聚美优品在女性用户中已经具备成功的美妆电商背景。因此聚美优品进军直播领域，做美妆工具类直播，对于女性用户来讲是非常好理解的，并且是容易接受的。

另一方面，聚美优品具有的电商背景使得直播能够工具化，从而具有非常清晰的盈利模式，通过明星IP使得流量导入聚美优品，有效地实现了盈利目的。

2.聚美优品瞄准美妆直播细分领域

聚美优品瞄准的是美妆这一板块进行直播，有效避开了娱乐直播的惨烈厮杀，获得了非常轻松的生活环境，因而对于提升同行业美妆电商的市场竞争力具有很大的优势。

3.目标用户优质，并已成规模

聚美优品作为一家电商平台，本身已经拥有一批大规模的初始用户，这些用户具有相同的特征：爱美女性，具有美妆产品购买需求。从本质上分析来看，这些初始用户具有消费能力高，购买意愿强，是刚需目标强烈的优质用户。基于这些特质，使得聚美直播无需从零做起，并且通过搭载直播平台，还可以更好地解决以往单纯的电商平台所无法为用户提供解决方案的问题，如如何提升美妆技能、进行美妆产品购买现场指导等，这些对于聚美优品的优质用户来讲，也是一件有利而无害的事情。

4.双重发展模式相结合

从当前电商直播的发展模式来看，聚美直播同时拥有两种模式：

第一种是明星IP直播。邀请赵丽颖、欧阳娜娜作为产品的代言人，巧借明星IP进行直播，以此来吸引更多的粉丝前来围观，进而将明星粉丝和路人进一步转化为品牌粉丝，最终转化为消费者，并产生消费行为，有效提升了销售转化率。

第二种是买手直播。聚美优品从现存的用户群体中，挖掘出美妆达人做主播，使其充当KOL的角色，起到了很好的传带作用，因此提升销量是自然而然的事情。

5.平台与主播盈利闭环

（1）美妆主播。聚美直播实际上为美妆达人提供了一个很好地展现自我的平台和机会，美妆达人做主播，可以在聚美直播平台上获得更多的切切实实的实惠和利益：

①用户打赏。这种用户打赏，实际上代表的是用户对于美妆主播在美妆技能、美妆搭配方面的赞同和认可，而并不是秀场直播中的礼物玩法。

②快速聚粉。聚美直播平台本身拥有一大批初始用户，这些用户可以看做是聚美直播已有的粉丝，然而美妆主播在平台上做直播，使得聚美直播平台为美妆主播带来了巨大的流量。因此，对于美妆主播来讲实则通过聚美直播平台为其带来了更多的粉丝。

③利益分成。在进行直播的过程中，美妆主播将用户流量导入聚美优品，产生购买行为，而聚美优品则因此获利，主播则可以从中获得利益分成。

（2）聚美直播。美妆主播入驻聚美直播，使得聚美直播平台获利颇丰：

①提升了直播平台的活跃度，吸引更多新用户的加入。

②美妆达人的入驻为聚美直播平台带来了优质IP。

③美妆达人与聚美直播签约，为聚美直播进行了很好的引流，为聚美优品带来了巨大的经济效益。

总之，聚美优品开辟直播领域，使得产品曝光度不断上升，持续为聚美优品的销售平台引流，使得销量呈现出突破式增长，这表明聚美优品的明星IP直播模式已经日趋成熟，同时表明聚美优品的这种“去电商化、亲娱乐化”的战略转型已经取得了成功。

唯品会：进阶“原创视频+导购直播”之路

据易观智库发布的《2016年第一季度中国网上零售B2C市场监测报告》数据显示：“唯品会凭借优异的市场表现在中国网络零售B2C市场交易份额、中国B2C市场母婴品类交易份额以及中国移动网购市场交易份额中均居前三，市场格局趋于稳定。”

另外，唯品会发布的《2016年第二季度未经审计的财务报告》中显示，“唯品会2016年第二季度持续保持高速增长，以连续15个季度盈利的成绩再次刷新电商行业纪录。其中2016年第二季度净营收达到134.4亿元，同比增长达49%，超过预期水平。另外，第二季度唯品会活跃用户总数量同比增长62%，达到了2300万，其中当季新客数较2015年同期增加了820万，同比增长超过了50%，使得订单数量同比增长了54%，达到了6890万单。”

以上调查获得的数据，实际上已经充分证明，唯品会作为电商中的一员，已经取得了不错的成绩。这些都离不开唯品会对于“国民消费升级”和“用户年轻化”等市场趋势的敏锐洞察力，更离不开当前对于多元化、个性化、品质化、内容化产品和服务的打造，这样既满足了广大用户的一体化购物体验，同时也扩大了核心用户群，有效增强了用户黏性，更重要的是提升了销售转化率。

尤其是在2016年6月16日，唯品会年终特卖狂欢中，以“网红直播12小时生存挑战”为主题，在北京世贸天阶设置全透视玻璃屋，邀请明星艺人、人气网红直播，包括直播圈当红主播“王小强”“一只鸡腿子”、在奇葩说走红的范湉湉，利用这些网红在线上的IP影响力来推动直播的势能。仅仅12个小时的时间里，唯品会的直播创下了6.3亿的微博话题量，参与讨论的人数达到了7.3万，使得本次直播活动在微博上获得了海量的曝光机会。从这些数据来看，唯品会此次的直播活动效果异常火爆。最终，使得唯品会616订单量超过600多万，仅6月16当天订单量就突破了250万单的纪录。

唯品会在直播领域进行的探索，在纵深挖掘明星惊喜IP的同时，推出了“电商+明星IP+直播”的组合营销模式，成为电商年终大促的新玩法。但是，唯品会在直播领域的探索并不会因年中大促获得的成绩而就此止步，而是将直播进一步IP化，推出“原创视频+导购直播”，把“精选+推荐”的电商基因迅速进行升级，从而将“精选+搭配+推荐+生活方式”作为直播IP，给广大用户带来更加美好的场景体验。

为了全面发力“原创视频+导购直播”，唯品会新开设了一档穿衣搭配导购栏目《唯品美美搭》，从2016年8月25日正式在站内上线以来，每周做一期直播节目。在直播间做客的嘉宾是时尚界的达人小P老师，为广大用户亲自主持，并传授一些在不同场合下的时尚、个性穿戴技巧。在直播过程中，用户可以边观看直播节目，边下单购买直播节目中出现的时尚单品。通过明星、网红打造内容IP，以娱乐化、社交化为内容，创造并满足用户的购物需求，同时还可以借助粉丝的号召力来深挖粉丝经济，这样给用户提供了更加便捷的购物体验的同时，还有效调动了粉丝主动分享的积极性，让更多的用户观看到直播，了解到更多的产品，在很大程度上提升了产品销量。

唯品会用不一样的“电商+直播+IP”点亮了更多消费者的眼球，取得了傲人的销售成绩。不但是对电商销售模式的升级，在满足了消费者的现有需求同时，还对用户的购买需求进行了创新。具体表现在以下几个方面：

唯品会“电商+直播+IP”创新的三个方面

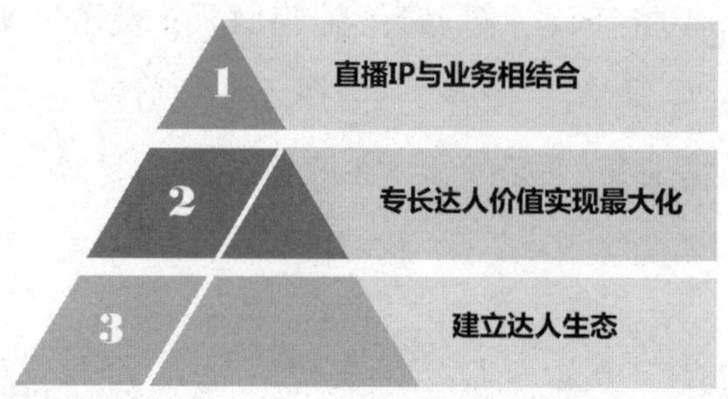

1.直播IP与业务相结合

做直播，要想实现“内容增值”的最大化，就需要有高品质的内容、自有IP，并且实现内容和商业的紧密连接，并对其进行充分的掌控。与其他电商或者网红直播的UGC内容不同的是，唯品会的《唯品美美搭》是以“穿戴类”为PGC内容的精品节目。UGC是很难实现内容和商业紧密结合的，而唯品会的《唯品美美搭》可以实现前端展示、需求创造与后端海量商品供应的无缝连接，为用户提供“边看边买”的一体化高效解决方案。

这样，在“原创视频+导购直播”的营销模式下，唯品会从原来的“我有货，让你挑”，转变为“我有货，帮你挑”，通过这一直播IP围绕电商用户的需求进行主动营销。从这一转变不难看出，唯品会对原有的营销模式进行了升级的同时，还使得营销方式已经跳出了传统的纯直播平台的娱乐化范畴，使得直播IP与业务紧密结合，更加具有实用效果。

事实上，唯品会的这种“原创视频+导购直播”营销模式已经在原有的“电商+网红直播”的基础上进行了升级，造就了穿戴类的PGC，使得“内容增值”实现了最大化。

2.专长达人价值实现最大化

传统的直播往往是一些空洞的、缺乏实质性内容的直播形式，看中的是主播的颜值，用户能够收获的知识和信息微乎其微。而唯品会的这种

“原创视频+导购直播”形式则一改这种弊端，针对穿衣搭配、美妆等领域，邀请更具专长性的达人、KOL直接参与到直播过程中，让专长达人的价值能够在直播平台上实现最大化展示，这样才能真正给用户答疑解惑，让用户从中获得更多的穿搭技巧，提升穿搭品味。因此使得直播内容价值感强烈，较传统的颜值直播所带来的娱乐感更具意义和实用性。

3.建立达人生态

单纯进行直播的时候，往往能够给产品带来较高的曝光率，在销量方面也会有显著的提升。但是，这种类型的直播一旦结束，曝光率和销量也会随之快速下降。唯品会通过《唯品美美搭》栏目结合其在9月底推出的“达人社区”建立“达人直播”“达人分享”“达人品牌”，这些形成了一个巨大的达人生态圈，使得无论从短期效果还是长远效果来看，无论是一次营销还是多维营销来看，都可以让用户从中随时获得有效的内容，也吸引了更多优秀达人的加入。

总而言之，唯品会进阶“原创视频+导购直播”之路的战略，可以说是唯品会“电商+直播”营销模式从1.0向2.0的转变。这种营销模式的升级，在“内容变现力”方面刚刚开始崭露头角，并且已经初步取得了一定的成效，是非常值得称赞的。这将对打破电商平台在现有存量需求的竞争困局有一定的帮助，以内容来开拓新的需求蓝海，大幅拓宽了电商平台和品牌的销售机会，实现了可持续发展的商业变现能力，这对于用户、品牌合作方以及唯品会自身来讲，实现了三方共赢。

京东：Boss、明星齐上阵，创电商直播新高度

网络直播堪称为“流量神器”，因此在电商领域中被许多电商平台和品牌商所运用，不但给广大用户带来新鲜感，同时也给广大消费者带来了不一样的消费体验，更重要的是能够为电商平台和品牌商带来更多的经济效益。京东作为电商领域中的老牌军，也走上了直播道路。

2016年“双十一”期间，京东Boss刘强东也开始玩起了直播，以期能够通过直播平台提升其在同行业中的竞争力，能够在现有销量基础上实现“双十一”期间销量的巨大突破。

2016年11月10日，京东集团Boss刘强东亲自领衔京东“12小时马拉松明星直播秀”。在直播的前4小时中，刘强东变身“暖男”，在京东直播上向广大观众大展厨艺，烹制了西域美食大盘鸡和来自波士顿的大龙虾。这一厨艺展示是这位大Boss的直播首秀，同时也将直播期间的围观人数一下推到了最高峰，共获得了500万个点赞量，围观人数达到了2100万，几乎相当于澳大利亚全国人民都在观看这场直播盛况，也因此使得刘强东成为了京东4小时直播秀的人气之王。

另外，在整个直播的过程中，陆陆续续有40余位明星大咖参与进来不间断表演、互动和送货。其中除了24位明星表演之外，还有12位大咖也加入到直播活动中，为“双十一”在京东下单的用户直播亲自送货。凭借如此大的明星直播阵容和促销力度，给京东带来了巨大利润。

贯穿整个京东“12小时马拉松明星直播秀”全场，明星主持人朱丹、谢楠、张大大、李响四人组合与24位明星大咖开启12小时不间断的直播互动。并且有强大的歌手阵容参与到直播过程中进行现场表演：实力唱将方大同、谱写过多首脍炙人口歌曲的音乐人李荣浩、个性十足的女歌手吴莫愁、内地著名摇滚歌手许巍以及霍思燕、秦岚、范湉湉、陈一冰、王自健、陈楚生、金志文、费玉清等。同时演艺明星阵容也是非常巨大，有著名相声演员郭麒麟和他的搭档闫鹤翔、开心麻花剧团的艾伦、东北二人转演员小沈龙等。

据京东数据显示，“12小时马拉松明星直播秀”只进行了29秒的时候，京东下单量就突破了2010年“双十一”的全天纪录。随后又用3分37秒、15分钟、1小时13分钟，分别突破2011到2013年“双十一”全天记录。因此，此次京东直播活动将京东的销量记录一次次刷新。

此次京东直播仅从邀请的明星阵容就能看出京东Boss刘强东在2016年“双十一”中实现超额盈利的目标志在必得。仔细分析刘强东此次直播活动营销策略，我们不难发现，京东有非常独到的一面：

1.Boss亲自上阵

京东Boss刘强东在直播过程中亲自上阵，这是很多电商平台做直播所缺少的特点，京东能够走个性化、独特路线，这也是众多京东用户所始料未及的。

平时，我们所看到的商界精英都是在商场上叱咤风云的一面，很少有机会能够领略到他们私底下的生活和喜好。刘强东在直播中大秀厨艺，从大众眼中的商界精英一下转变为“家庭煮夫”，非常接地气，角色的大幅度转换，更是激起用户走进商界精英私人生活的好奇心。这也是能够获得500万个点赞量和2100万人围观的直接原因。

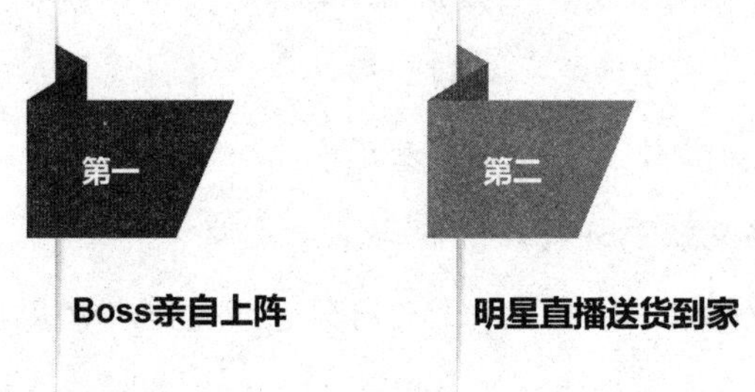

2.明星直播送货到家

京东直播提升销量的方式与淘宝直播本质上是相同的，都是借力明星IP的影响力来吸引更多的用户，达到提升销售转化率的目的。但是，京东也别出心裁，摸索出属于自己的直播营销策略，即明星直播送货到家。

（1）强明星阵容带来强流量。电商平台邀请明星助阵直播间是不少电商平台营销过程中惯用的策略，但是能够像京东这样一下子邀请40余位实力明星前来坐镇，本身就从视觉上赚足了观众的眼球。加之明星本身自带粉丝，如此庞大的明星队伍又为京东在导流吸粉方面发挥了重要的作用，使得从粉丝向消费者的转化成倍实现。

（2）为用户带来极致消费体验。刘强东还在明星IP直播模式的基础上另辟天地，但凡京东用户在“双十一”期间在京东上购买产品，都有明星送货到家的机会，并且送货全程进行直播。这一策略无疑是使广大用户提升购买率的有效刺激点，能够获得明星亲自送货到家，可以想象到，当用户在京东上奋力秒杀的同时，身后就已经站着明星等待收货，并且能够与明星近距离接触的那份惊喜，这是很多普通人梦寐以求的事情，能够给消费者带来更为极致的全套“剁手”体验，这更是吸引广大用户围观和购买的重要原因。

（3）促销力度强劲。京东此次直播活动将明星IP直播、电商促销、快速配送能力进行了混搭呈现，表现出了前所未有的促销力度，体现了京东创新营销的策略以及京东直播对“双十一”促销的强劲助力。这样京东销量大幅提升就是自然而然的事情。

毋庸置疑，京东在2016年“双十一”举办的这次“12小时马拉松明星直播秀”给京东带来了丰硕的营销效果，同时也积攒了大量人气，可以说Boss刘强东借助直播平台为京东打了一手营销好牌。

小米Max：创新直播，玩出新花样

科技日新月异，加之移动互联网的不断发展，使得智能移动设备成为当前前沿科技下诞生的代表性产品。以“让每个人都能享受科技的乐趣”为愿景的小米科技，作为我国一家专注于高端智能手机、互联网电视以及智能家居生态链建设的创新型科技企业，在产品更新迭代方面堪称一流。凌驾于当前热门话题中的直播、IP，小米科技也借机玩出了新花样，给用户带来了不一样的体验之外，更给自身带来了显著的经济效益。

2016年5月，小米公司正式推出了一款6.44英寸的超大屏手机小米Max，该款机型最大的特点就是具有超强待机的性能。为了让广大用户和粉丝更加真实地感受到该机型的这一功能，2016年5月10日，小米公司在B站（即Bilibili.com，视频直播网站）上开启“不限期限的无聊小米Max超长待机直播”活动，现场直播小米Max电池的续航能力。之所以选择B站进行直播，是因为雷军将此番营销中的二次元用户作为安卓用户的核心群体。

小米Max配备有超大机身，可以内置一块4850mAh的电池。在直播过程中，一款插入SIM卡的小米Max一直处于待机状态，且不运行任何应用程序。手机屏幕每小时都会被唤醒一次，以显示手机正在运行。

直播进行到了第11天的时候，在B站上进行的这一直播活动已经吸引了超过2000万观众和粉丝，并且人数还在急剧增加，他们通过发送大量的弹幕来表达对小米Max超长续航能力的惊讶和喜爱之情。

经过漫长的直播，小米手机官方宣布小米Max全程待机19天。在冗长的直播时间的考验下，小米Max以及长达两周之久的小米直播活动给广大用户留下了深刻印象。同时也让雷军通过此次活动赚足了人气、获得了巨额盈利。

据相关统计数据显示，“不限期限的无聊小米Max超长待机直播”活动中，观看总人数超过了3954万，弹幕讨论总条数突破3.17亿，共送出了2238台手机，收获了24.4万关注量和约676.7万礼物。在B站直播“七日投喂榜”上，出手最大方的一位用户，则在这次直播打赏中花了2492.1元。

小米Max 电量超耐久直播
感谢3954万份厚爱
3亿条弹幕
陪我们无聊19天

小米Max 待机直播
19天

围观总人次突破
3954万

弹幕讨论总数突破
3.17亿

任何事情都可以变得神奇
只要给它足够久的时间

虽说小米此次举办的“不限期限的无聊小米Max超长待机直播”活动可谓“旷日持久”，在直播过程中也并没有融入任何出彩的直播内容，但是却依然能够吸引如此多的关注量和弹幕讨论量，并且能够让前来围观的用户坚持不间断观看近十八天之久，这已经表明小米的这次直播简直是当下无聊直播文化的一个标志性缩影。但无论如何，从获得的统计数据已经充分证明小米此次举办的直播活动是非常成功的。

小米的成功究竟是如何实现的呢？

1.原生态直播IP

按照传统的直播模式，往往是首先进行精心的筹备和策划，以此按部就班地让整个直播现场井然有序地进行，给人一种直播的节奏感。而小米此次举办的直播活动则反其道而行之。将直播的摄像机直接架在了B站的办公区，在直播过程中，邀请一些二次元圈内的网红、B站上的知名UP主（有过上传发布视频经历的人）来直播间做客，不时的还会有一些B站的员工乱入。直播中会有嘉宾即兴表演节目，更多的则是在闲聊、发呆。

所有的这些都是没有台本的，每一个动作、每一段谈话都没有经过任何策划，都是临场发挥，充分体现出了直播间绝对的真实性和原生态性。

小米创新直播取得成功的策略

然而，正是这种真实性和原生态性成了此次直播的重要IP，让广大观众一改对以往直播中每个话题、情节等进行精心设计而形成的IP的喜爱，转向对这种原生态直播IP的关注和认同，反而更具吸引力。

举个简单的例子。如果在一个美妆直播过程中，在给观众展示粉底使用时，主播都按照事先做好准备的大小、点数等标准来衡量使用多少的粉底液才是恰如其分的使用量，才能画出更加精致的妆容，虽然会给观众带来非常专业的感觉，但整个过程平淡不羁，整个直播过程并不能给观众带来出彩的感觉，点赞、弹幕讨论数量出现飙升的概率极低。然而，如果在直播过程中，主播一不小心把粉底液挤了一脸，这样来的笑点猝不及防，且又具有很强的真实感，反而能够在屏幕上获得更多的点赞数。

2.弹幕抽奖提升用户参与感

看直播和看视频节目之间是存在很大的区别的，视频直播过程中，用户不仅可以接受直播内容，还可以借助弹幕功能表达自己内心的观点和看法以及自己内心的情感。各种天马行空的弹幕，有时候比直播本身更能给用户带来乐趣。小米这次直播中就首创弹幕抽奖活动，更加激发了广大围观用户发弹幕的热情和积极性。将抽奖互动和直播结合起来，是小米此次超耐久直播的最成功之处。

总之，小米在激烈的市场竞争中经历了多少次营销变革，几乎每次都能够取得意想不到的营销效果。比如小米早期的微博抽奖、红米与QQ空间的合作，再到此次与B站联合进行超耐久直播，小米每一次向市场发起进攻的时候，都能够使用最时髦的平台、最时尚的进攻方式，与热点最高、最具红利期的平台进行合作，这充分证明小米在营销道路上所具有的过人之处是众多竞争对手所望尘莫及的。

惠氏奶粉：引领直播营销新风潮

在当前直播行业发展规模日益强大的今天，新媒体的营销阵地也逐渐向网络直播靠拢，无论是淘宝、小米还是唯品会，甚至是产品的品牌方，也都已经纷纷涉足网络直播，以期能够大显身手，获得更多的网络直播营销红利。毫无疑问，网络直播营销已经成为当前社会化营销的一种有效手段，正在电商领域刮起一阵强劲之风。

成立于1915年的惠氏奶粉，至今已经有百年的发展历史了，但始终引领前沿科技，专研卓越配方，在婴幼儿营养品研发领域取得了诸多革命性创新。只有技术上的创新，并不代表是真正地实现了创新，惠氏奶粉在营销模式上也追逐时代发展，利用先进营销工具进行了诸多方面的完善和创新。

在当前这个直播、IP发展火爆的时代，惠氏奶粉更是紧追时代的潮流，快速走在经济浪潮的最前端，将直播作为一项全新的营销利器，在同行业中获得强大的竞争力。

2016年5月28日，惠氏奶粉邀请早前在《爸爸回来了》中，携女儿赚足了超高人气的知名明星吴尊，并借助淘宝直播平台和澎湃直播平台，同时向广大用户“叫卖”惠氏奶粉。而在直播过程中，吴尊让观众观摩自己拍片现场和分享育儿心得，并且还第一次向观众公开秀出小儿子的照片。因为吴尊有一儿一女，奶爸经验十足，在现场和小模特进行了欢乐互动，其目的是为了与除了粉丝之外的其他用户之间进行互动，并且还对“惠氏启赋”奶粉做宣传。此次直播活动登上了淘宝直播的推选首页。以往明星为产品代言的情况司空见惯，但是能够像吴尊这样借助直播平台进行品牌宣传的举措，表现出了惠氏奶粉的与时俱进。

据惠氏奶粉提供的数据统计显示，直播进行了一小时的时候，就吸引了74 233人前来围观，并且获得了28万点赞数。淘宝直播观看人数达到了7.4万，美拍直播围观总人数达到了8.2万，在两个直播平台上进行互动的用户数量达到了137万。仅单品“新升级illuma惠氏启赋3段900g婴幼儿牛奶粉”的访问人数就达到了往常访问量的数倍之多。在进行直播期间，惠氏奶粉的单品转化率达到了36%，这一数据是惠氏奶粉在平时电商平台转化率的7倍之多，交易量达到了120万元，促销力度提升了整整30倍。这些销量是在平时1个月的时间里才能完成的销量。

惠氏奶粉的这种借助“明星IP+直播”的全新营销方式，激起了广大消费者“边看边买”的热情，获得的出人意料的销量，使得惠氏奶粉自己都不可置信。无疑，惠氏奶粉此次的直播营销模式取得了巨大的成功。探究惠氏奶粉的直播营销模式，我们可以发现，启赋奶粉邀请吴尊代言，并能获得如此好的营销效果，是经过深思熟虑和精心设计的：

1.强大的明星效应

吴尊本身是一位知名明星，因此，其本身凭借其自有IP能够自带粉丝，选择吴尊作为惠氏奶粉邀请来的直播主播，必然可以在直播过程中为惠氏奶粉导流大量粉丝。这样规模庞大的粉丝齐聚吴尊直播间，再将惠氏奶粉的产品植入到直播过程当中，必然会起到很好的产品曝光作用，有效提升销售转化率。

2.拥有育儿经验

吴尊已经是儿子和女儿的爸爸，因此，有过带两个孩子的育儿经验的吴尊，可以说是一个很好的奶爸了。同时吴尊早期的粉丝也已经从年轻的少年成长到妈妈阶段，可以说，这些粉丝一路见证了吴尊的奶爸之路。惠氏奶粉在挑选直播代言人的时候可谓眼光独到。吴尊拥有大批“从少女变成妈”的死忠粉，而这个群体正好有大批正值买奶粉年龄段的新手妈妈，可以有效提升这些粉丝向消费者的转化率。

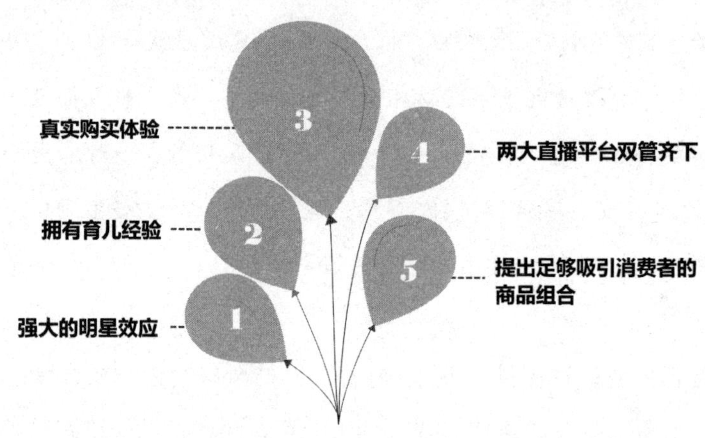

3.真实购买体验

吴尊作为一名奶爸，不仅自身形象气质高端，自带明星IP，在育儿理念上也与惠氏奶粉所倡导的最先进的育儿观高度契合。更重要的是，吴尊的大女儿Neinei就一直在使用“惠氏启赋”奶粉，并且后来小儿子Max也毫不犹豫地在使用该产品，而对于这一点也正是惠氏奶粉特别邀请吴尊做直播代言人的重要原因之一。吴尊对惠氏奶粉品牌的认可，以及实实在在、真真切切的购买体验，可以更加容易地打通消费者、说服消费者，更加有利于品牌理念深度向消费者传递，能够很好地带动更多的消费者产生购买行为。

4.两大直播平台双管齐下

惠氏奶粉此次直播，在平台的选择上，采取双管齐下的策略，同时在美拍直播和淘宝直播平台上进行，可以让更多的用户前来围观，有效提升了产品曝光率。

5.提出足够吸引消费者的商品组合

除了品牌直播代言人、直播平台的选择之外，还有一个不可忽视的关键要素就是对于商品的选择。很多时候，品牌商都会选择在直播时推出“限时让利”“限时折扣”等优惠的商品组合来拉动消费。惠氏奶粉此次推广的单品奶粉，在平时销售的时候只有买大送小，转化率一般在5%左右，虽然这一转化率已经高于淘宝平台的平均商品的转化率，但是，此次直播的过程中，惠氏奶粉一改以往营销策略，而是采取买大送大的优惠组合形式，并且还选择聚集了无数精明家庭主妇的“聚划算”平台上架，这样使得钻石展位、淘宝资源位等坑位曝光率在原有的基础上大幅提升，使得本来计划买奶粉的主妇们在看到相关信息之后，就会准备大手笔囤货。

总而言之，“电商+明星IP+直播”已经成为当前电商领域发展的一种不错的选择，使得产品更具品牌价值的同时，还延展了之前电商单一卖货的形式，从而使得“粉丝变成消费者”，从“卖产品转化为玩内容”，有效增加了用户黏性，提升了品牌营销效果，成为时下电商营销的一种新风潮。

附录：《互联网直播服务管理规定》

互联网直播服务管理规定

第一条　为加强对互联网直播服务的管理，保护公民、法人和其他组织的合法权益，维护国家安全和公共利益，根据《全国人民代表大会常务委员会关于加强网络信息保护的决定》《国务院关于授权国家互联网信息办公室负责互联网信息内容管理工作的通知》《互联网信息服务管理办法》和《互联网新闻信息服务管理规定》，制定本规定。

第二条　在中华人民共和国境内提供、使用互联网直播服务，应当遵守本规定。

本规定所称互联网直播，是指基于互联网，以视频、音频、图文等形式向公众持续发布实时信息的活动；本规定所称互联网直播服务提供者，是指提供互联网直播平台服务的主体；本规定所称互联网直播服务使用者，包括互联网直播发布者和用户。

第三条　提供互联网直播服务，应当遵守法律法规，坚持正确导向，大力弘扬社会主义核心价值观，培育积极健康、向上向善的网络文化，维护良好网络生态，维护国家利益和公共利益，为广大网民特别是青少年成长营造风清气正的网络空间。

第四条　国家互联网信息办公室负责全国互联网直播服务信息内容的监督管理执法工作。地方互联网信息办公室依据职责负责本行政区域内的互联网直播服务信息内容的监督管理执法工作。国务院相关管理部门依据职责对互联网直播服务实施相应监督管理。

各级互联网信息办公室应当建立日常监督检查和定期检查相结合的监督管理制度，指导督促互联网直播服务提供者依据法律法规和服务协议规范互联网直播服务行为。

第五条　互联网直播服务提供者提供互联网新闻信息服务的，应当依法取得互联网新闻信息服务资质，并在许可范围内开展互联网新闻信息服务。

开展互联网新闻信息服务的互联网直播发布者，应当依法取得互联网新闻信息服务资质并在许可范围内提供服务。

第六条　通过网络表演、网络视听节目等提供互联网直播服务的，还应当依法取得法律法规规定的相关资质。

第七条　互联网直播服务提供者应当落实主体责任，配备与服务规模相适应的专业人员，健全信息审核、信息安全管理、值班巡查、应急处置、技术保障等制度。提供互联网新闻信息直播服务的，应当设立总编辑。

互联网直播服务提供者应当建立直播内容审核平台，根据互联网直播的内容类别、用户规模等实施分级分类管理，对图文、视频、音频等直播内容加注或播报平台标识信息，对互联网新闻信息直播及其互动内容实施先审后发管理。

第八条　互联网直播服务提供者应当具备与其服务相适应的技术条件，应当具备即时阻断互联网直播的技术能力，技术方案应符合国家相关标准。

第九条　互联网直播服务提供者以及互联网直播服务使用者不得利用互联网直播服务从事危害国家安全、破坏社会稳定、扰乱社会秩序、侵犯他人合法权益、传播淫秽色情等法律法规禁止的活动，不得利用互联网直播服务制作、复制、发布、传播法律法规禁止的信息内容。

第十条　互联网直播发布者发布新闻信息，应当真实准确、客观公正。转载新闻信息应当完整准确，不得歪曲新闻信息内容，并在显著位置注明来源，保证新闻信息来源可追溯。

第十一条　互联网直播服务提供者应当加强对评论、弹幕等直播互动环节的实时管理，配备相应管理人员。

互联网直播发布者在进行直播时，应当提供符合法律法规要求的直播内容，自觉维护直播活动秩序。

用户在参与直播互动时，应当遵守法律法规，文明互动，理性表达。

第十二条　互联网直播服务提供者应当按照“后台实名、前台自愿”的原则，对互联网直播用户进行基于移动电话号码等方式的真实身份信息认证，对互联网直播发布者进行基于身份证件、营业执照、组织机构代码证等的认证登记。互联网直播服务提供者应当对互联网直播发布者的真实身份信息进行审核，向所在地省、自治区、直辖市互联网信息办公室分类备案，并在相关执法部门依法查询时予以提供。

互联网直播服务提供者应当保护互联网直播服务使用者身份信息和隐私，不得泄露、篡改、毁损，不得出售或者非法向他人提供。

第十三条　互联网直播服务提供者应当与互联网直播服务使用者签订服务协议，明确双方权利义务，要求其承诺遵守法律法规和平台公约。

互联网直播服务协议和平台公约的必备条款由互联网直播服务提供者所在地省、自治区、直辖市互联网信息办公室指导制定。

第十四条　互联网直播服务提供者应当对违反法律法规和服务协议的互联网直播服务使用者，视情采取警示、暂停发布、关闭账号等处置措施，及时消除违法违规直播信息内容，保存记录并向有关主管部门报告。

第十五条　互联网直播服务提供者应当建立互联网直播发布者信用等级管理体系，提供与信用等级挂钩的管理和服务。

互联网直播服务提供者应当建立黑名单管理制度，对纳入黑名单的互联网直播服务使用者禁止重新注册账号，并及时向所在地省、自治区、直辖市互联网信息办公室报告。

省、自治区、直辖市互联网信息办公室应当建立黑名单通报制度，并向国家互联网信息办公室报告。

第十六条　互联网直播服务提供者应当记录互联网直播服务使用者发布内容和日志信息，保存六十日。

互联网直播服务提供者应当配合有关部门依法进行的监督检查，并提供必要的文件、资料和数据。

第十七条　互联网直播服务提供者和互联网直播发布者未经许可或者超出许可范围提供互联网新闻信息服务的，由国家和省、自治区、直辖市互联网信息办公室依据《互联网新闻信息服务管理规定》予以处罚。

对于违反本规定的其他违法行为，由国家和地方互联网信息办公室依据职责，依法予以处罚；构成犯罪的，依法追究刑事责任。通过网络表演、网络视听节目等提供网络直播服务，违反有关法律法规的，由相关部门依法予以处罚。

第十八条　鼓励支持相关行业组织制定行业公约，加强行业自律，建立健全行业信用评价体系和服务评议制度，促进行业规范发展。

第十九条　互联网直播服务提供者应当自觉接受社会监督，健全社会投诉举报渠道，设置便捷的投诉举报入口，及时处理公众投诉举报。

第二十条　本规定自2016年12月1日起施行。